우리는 자연의 일부입니다

우리는 자연의 일부입니다

제1판 제1쇄 발행일 2020년 1월 25일
제1판 제4쇄 발행일 2024년 5월 1일

글 _ 박병상, 이상수, 심재훈, 이시우, 정상명
기획 _ 풀꽃세상, 책도둑(박정훈, 박정식, 김민호)
디자인 _ 서채홍
펴낸이 _ 김은지
펴낸곳 _ 철수와영희
등록번호 _ 제319-2005-42호
주소 _ 서울시 마포구 월드컵로 65, 302호(망원동, 양경회관)
전화 _ (02)332-0815
팩스 _ (02)6003-1958
전자우편 _ chulsu815@hanmail.net

ISBN 979-11-88215-38-6 43330

철수와영희 출판사는 '어린이' 철수와 영희, '어른' 철수와 영희에게
도움 되는 책을 펴내기 위해 노력합니다.

풀꽃세상 환경 특강

우리는 자연의 일부입니다

기획 풀꽃세상

글 박병상, 이상수, 심재훈, 이시우, 정상명

철수와영희

머리말

우리의
녹색 감수성을
일깨워야
합니다

　　'풀꽃세상을위한모임'풀꽃세상이 결성되고 20년이 지
나도 환경 문제는 더 나아지지 않고 오히려 훨씬 더
심각해지고 있습니다. 풀꽃세상은 창립 20주년을 맞
아 환경 문제를 진단하고 대안을 마련하고자 인류세
살아남기, 에너지 전환 문제, 공정한 먹을거리, 비무
장 지대 이야기, 풀꽃상 이야기 등을 주제로 '환경 특강'을 열었고 그 결과물을 책으로 만들었습니다.

1강에서 박병상 선생님은 인류의 문명이 시작된 이후 인간은 자연을 마음대로 변화시켰고, 이로 인해 인간이 인간 자신까지 포함하는 대멸종을 불러일으킬 수 있는 인류세의 시기가 되었다고 말합니다. 대멸종의 원인이 되는 핵과 이산화탄소, 플라스틱, 콘크리트, 미세 먼지가 우리의 편리를 위해 존재하기에 우리가 조금 더 불편해지기를 실천한다면 인류의 대멸종을 막고 지금보다 더 나은 지구 생태계를 꿈꿀 수 있다고 말합니다.

2강에서 이상수 선생님은 화석 연료 시스템으로 생긴 기후 변화 문제를 화석 연료 시스템 기반에서 해결하고자 하는 문제점과 관련해 강의를 해주셨습니다. 기후 변화에 대응하기 위해서는 새로운 에너지 기술이 개발될 때까지 기다릴 것이 아니라 그때그때 재생 가능한 에너지로의 전환이 신속하고 과감하게 이루어져야 한다고 말합니다. 현재의 전력 생산 구조를 화석 연료에서 벗어나 바람과 햇빛으로 갈아타는 전환이 필요하다고 말합니다.

3강에서는 지구상의 동식물과 인간이 흙을 통해 서로 먹이 그물로 연결되어 있는데, 인간의 탐욕으로 인해 이런 흙이 엄청나게 빠른 속도로 망가지고 있다고 말합니다. 흙이 건강하게 살아 있어야 인간과 동식물에게 지속 가능하고 공정한 밥상이 마련될 수 있다며, '흙' 속에서 생명들이 어떻게 서로 연결되어 살아가고 있는지를 살펴보며 흙을 살리는 방법들을 제안합니다.

4강에서 이시우 선생님은 우리가 천연 생태의 보고로 알고 있는 비무장 지대의 군사 기지로서의 실상에 대해 강연해 주셨습니다. 비무장 지대는 전쟁의 상처로 인한 부정적 인상과 더불어 잘 보존된 생태와 환경이라는 긍정적 인상을 주지만, 수없이 매설된 지뢰와 고엽제와 제초제 실험의 폐해, 비무장 지대 주권 문제 등 해결해야 할 여러 문제가 공존한다고 말합니다.

5강에서 풀꽃세상 창립자 정상명 선생님은 풀꽃세상이 드린 17회에 걸친 풀꽃상의 의미를 이야기합니다. 20년이 지난 지금 오히려 창립 당시보다 훨씬 더 나빠진 환경을 볼 때 풀꽃상은 여전히 유효하다고 말합니다. 풀꽃상이 사람들의 마음에 있는 녹색 감수성을 일깨워 마음을 뜨겁게 움직이게 하고, 활짝 열게 하는 감동을 주는 환경상으로 거듭나는 실천이 필요하다고 이야기합니다.

함께 풀꽃세상을 만드시고 환경 특강에 참여해 주시고 조언을 아끼지 않으신 왕풀 정상명, 그래풀 최성각 선생님께 특별히 고마움을 전합니다. 환경과 생태 문제를 근본적으로 성찰하게 해주신 동요풀 박병상 님, 사진가 이시우 님, 환경 운동가 이상수 님께도 고마움을 전합니다. 풀꽃세상의 20주년 기념 환경 특강을 책으로 낼 수 있도록 도움을 준, 늘 어린이와 어른이 함께 소통할 수 있는 책을 만들기 위해 노력하는 철수와영희 박정훈 대표님께도 무한한 애정과 고마움을 전합니다. 이 책이 나오기까지 도와주신 말북과 산책, 달아, 멩이풀 님, 무엇보다도 항상 생태적인 감수성을 가지고 '우리는 자연의 일부이다'라는 생각으로 살아가는 풀씨 님들 고맙습니다.

풀꽃세상을위한모임

대표 풀씨 흙풀 심재훈 드림

차례

1강

인류세
살아남기

박병상

인천도시생태·환경연구소 소장

박병상 인천도시생태·환경연구소 소장

~~~~~~~~~~~~~~~~~~~~~~~~~~~~~

도시와 생태 문제를 고민하고 대안을 찾아 헤매는
'환경 운동을 하는 생물학자'이며
인천도시생태·환경연구소 소장이다.
『어쩌면 가장 위험한 이야기』, 『동물 인문학』, 『탐욕의 울타리』,
『파우스트의 선택』, 『내일을 거세하는 생명공학』, 『우리 동물 이야기』,
『참여로 여는 생태 공동체』 등을 썼다.

오늘 여러분과 나눌 이야기의 주제는 '인류세'anthropocene입니다. 혹시 여기 계신 분들 중에 들어본 분도 있을 텐데요, 인류세라는 건 현세를 지칭하는 말입니다. '세'라는 건 지질로 시대를 구분하는 개념이에요. 우리가 보통 고생대, 중생대, 신생대, 이런 식으로 나누고 그걸 또 세분화해서 팔레오세, 에오세, 올리고세, 마이오세…, 이런 식으로 나눕니다. 그 기준에 의하면 지금은 '홀로세'예요. 빙하기가 끝나고 인류의 문명이 시작된 시기이지요. 이후부터 인간이 번성하면서 자연을 개편했잖아요. 그 역사가 우리 지층에 오롯이 남아 있습니다. 그래서 어떤 사람들은 지금을 '인류세'로 부르자고 합니다. 그만큼 인간이 지구의 환경을 좌우하는 힘을 갖게 되었다는 거예요.

인류세와 여섯 번째 대멸종

지층을 보면 다양한 생물들이 번성했다가 사라진 흔적이 존재합니다. 그중 마지막으로 번성했던 생물종들이 눈에 띄게 사라진 것이 6500만 년 전입니다. 당시 대략 70퍼센트의 생물종이 멸종했다고 분석합니다. 개체 수로 따지면 99퍼센트 이상은 사라진 거로 봅니다. 생물학적 단위로 800과가 사라집니다. 어마어마한 수의 생물이 없어진 거예요.

생물을 분류하는 단위가 계-문-강-목-과-속-종, 이렇잖아요. 뒤로 갈수록 작은 단위입니다. 예를 들면 물고기는 잉어목의 붕어과, 이런 식으로 분류하지요. 그런데 800개의 '과'가 사라졌다는 거니까 어마어마한 규모로 생명이 사라진 겁니다. 이렇게 대규모로, 당시 생존했던 생물종의 60퍼센트 이상 사라지는 현상을 대멸종이라고 하는데요. 지구 역사상 다섯 번 있었습니다.

과학자들은 화석을 분석해 그 이유를 추정합니다. 어떤 환경적 변화가 생물의 대량 멸종을 유발했다고 파악하는데요. 그중에는 운석과 화산 폭발이 있습니다. 다섯 번째, 즉 마지막 대멸종의 원인은 멕시코 유카탄반도에 떨어진 운석 때문이라고 추정하는데요, 대략 직경 10킬로미터 이상의 크기였다고 생각합니다. 이게 떨어지자마자 높이 300미터짜리 해일이 육지를 덮쳤다고 상상해요. 그 여파로 지금의 미국 플로리다 지역이 거의 물속에 잠겼을 겁니다.

운석이 떨어지고 그 충격으로 해일이 일어나고 연이어 터진 화산으로 발생된 분진이 태양을 가립니다. 지구는 얇은 지각으로 덮인 펄펄 끓는 거대한 액체 덩어리로 보면 좋겠습니다. 얇은 지각이 운석으로 뒤틀리면서 흔들렸고, 이어 지진과 화산 폭발이 연쇄적으로 발생했겠지요. 거대한 운석이 떨어지면서 지구 전체의 생태계가 일순간 재앙에 휩싸였을 거로 봅니다. 지금도 화산이 크게 폭발하면 대기로 뿌려지는 막대한 재 때문에 인근의 지표면은 태양빛을 받지 못하고, 그로 인해 기온이 1도 정도 떨어진다고 해요. 별거 아니다 싶겠지만 생태계에게는 큰 충격이에요. 그런데 이러한 재앙은 당시 살고 있던 생물들의 의지와 전혀 상관없이 진행된 사건입니다.

현재 우리가 절박하면서 중요하게 바라보아야 하는 건, 여섯 번째 대멸종이 진행 중이라는 사실입니다. 6500만 년 전 다섯 번째 대멸종은 1만 년이라는 아주 짧은 사이에 벌어졌습니다. 그로 인해 당시 대표적으로 번성하며 2억 년이라는 긴 세월동안 생태계의 주역이던 공룡들이 한꺼번에 사라졌죠. 공룡이 사라지기 전, 포유류의 흔적이 나타납니다. 아마도 설치류가 아니었을까 추정합니다. 이들은 공룡이 사라진 후에 번성해서 6500만 년 사이에 다양한 생물종을 이룹니다. 그게 최근까지 이어진 거고요. 그런데 이런 우여곡절을 거쳐 현재의 모습으로 번성했던 새로운 생물종들이 인간의 출현으로 급격하게 사라지고 있습니다. 이른바 '여섯 번째 대멸종'의 시작이지요.

인간은 지구 상에 등장하고도 오랜 세월 주목받지 못하는 생물종으로 살아왔습니다. 그러다가 불과 1만 년 전, 농업 혁명이 일어납니다. 이때부터 자연과 대결하기 시작하지요. 인간은 자신이 먹을 작물을 키우기 위해 자연을 변형시킵니다. 불필요한 식물을 뽑아내고 심은 작물을 보호하기 위해 다가오는 곤충을 해충이라 여기며 없앱니다. 그런데 이게 다 인간 기준이에요. 세상에 쓸모없는 생명이 없잖아요. 어쨌든 그 후 인간은 엄청난 과학 문명의 진보를 이룹니다. 인간의 탐욕도 그와 함께 커지지요. 그러면서 자연에 대한 착취가 규모를 키우더니 이제 지구의 생물종들을 위협할 정도로 거대해진 거예요. 그 결과가 바로 현재 직면하는 여섯 번째 대멸종입니다.

어쩌면 핵전쟁으로 인간 자신까지 포함하는 대멸종이 발생할지 모르는 시기가 도래했습니다. 바로 현세의 모습입니다. 소련과 미국이 패권을 다투던 시절, 그렇게 걱정스런 이야기들이 공공연하게 나왔었죠.

그래서였을까요? 이제 우리가 사는 현세는 누구도 아닌 우리 인류에 의해 지구의 운명이 좌우되는 '인류세'라는 사실을 자각하는 사람들이 하나둘 늘고 있습니다. 이 개념을 처음으로 주창한 사람은 네덜란드 화학자 파울 크뤼천이에요. 오존층 연구로 노벨상을 받은 과학자입니다. 이 사람이 2000년 멕시코에서 열린 국제회의에서 처음으로 제안해요.

언제부터 인류세라고 보아야 할까요? 의견이 분분합니다만 많은 사람이 1945년을 꼭 짚어 이야기합니다. 그 시기를 대표하는 물질로 방사능, 미세 먼지, 그리고 플라스틱을 꼽거든요. 이 모두가 이전에는 지구 전체로 볼 때 아주 드물었거나 없었던 물질입니다. 인간이 탐욕스러워지면서 폭증한 것들이에요. 언론에 의하면 몇몇 과학자 그룹에서 인류세를 공식적인 용어로 추천했다고 하네요.

그럼 그중 하나인 핵과 관련해서 먼저 말씀을 드리겠습니다.

일본에 다카기 진자부로라는 과학자가 있었습니다. 한때 일본에 노벨상을 안겨줄 거로 기대를 받는 젊은 과학자였는데요. 나중에 '원자력 자료 정보실'이라는 단체를 만들어요. 핵화학 전문가였던 이 사람은 자연에서 인공 방사능이 계속 검출되는 데 충격을 받습니다. 미국과 소련에서 핵실험 경쟁이 치열했던 1945년 이후 남극 빙하에서 발견되기 시작한 겁니다. 그는 시민들에게 그 사실을 알리고 경계해야겠다고 생각했습니다. 핵의 위험성을 계속 주장했지만 그가 속해 있던 국가의 연구소는 이를 외면했고, 결국 그 연구소를 그만둡니다. 이후 대학교수를 하다가 한계를 느끼면서 원자력 자료 정보실에서 남은 생을 반핵 운동가로 살았습니다. 일본은 물론이고 세계를 무대로 탈원전 운동을 이끌며 몸을 사리지 않다가 결국 젊은 나이에 돌아가셨어요. 이분은 그 공로로 '대안 노벨상'이라 불리는 '바른 생활상'을 받습니다. 스웨덴에서 만든 상이에요. 기존의 노벨상이 왜곡된 수상자를 선정한다는 비난을 받고 있지요. 그래서 진정한 평화의 취지로 정한 상이라고 보면 좋겠습니다. 상금은 적어도 이 상을 받은 분들은 진정 인류에 기여하는 사람이라고 추앙받아요.

인류 역사상 핵폭탄의 피해를 본 유일한 나라는 일본입니다. 그 후로 어디에도 직접 핵폭탄을 쓴 적이 없어요. 그런데 핵폭탄을 누가 개발했습니까? 우리는 보통 로버트 오펜하이머를 생각하지만 엔리코 페르미라는 사람도 크게 기여를 합니다. 그런데 그 사람은 노벨상 수상자였어요. 인류의 삶에 기여한다는 노벨상의 취지가 무색한 일입니다.

핵이 우리 삶에 어떤 영향을 끼치는지를 보여주는 예는 일본 원폭 투하 외에도 많아요. 지금은 절판되었지만 『누가 존 웨인을 죽였는가』라는 책이 있습니다.

존 웨인은 서부 영화의 단골 주인공이었습니다. 나이가 지긋하신 분들은 잘 아실 거예요. 그런데 이분이 계속해서 암으로 시달리다 죽어요. 폐암에 걸렸다가 수술을 받고 다시 위암이 발병하면서 사망합니다. 그런데 기이한 일은, 당시 존 웨인과 함께 영화 작업을 했던 배우와 스태프 다수가 암과 백혈병으로 사망합니다. 무슨 저주라도 걸린 걸까요? 지은이는 그들이 1950년대 중반 미국의 서부 지역인 유타, 네바다, 애리조나에서 영화 작업을 했다는 사실에 주목합니다. 1951년부터 1958년 사이 네바다 사막 지상과 지하에서 무려 97회에 걸쳐 핵실험이 진행됩니다. 이때 발생한 방사능이 분명히 그들의 죽음에 영향을 미쳤을 거라고 주장해요. 어때요, 오싹하지 않습니까? 지은이는 책을 통해 후쿠시마 핵발전소 사고를 사고 발생 25년 전에 예고했다는 반핵 언론인 히로세 다카시예요. 멀게만 느껴지는 핵의 위험성을 아주 잘 드러내는 책입니다.

풍요의 상징인가 멸망의 징후인가

다음으로 인류세의 증거가 될 두 번째 물질인 이산화탄소를 볼까요?

이산화탄소는 자연에 존재하는 물질로 그 자체로 해가 될 게 별로 없습니다. 문제는 적정 수준을 넘어 지나치게 양이 많아질 때입니다. 우리가 자동차를 쓰고 또 화석 연료를 사용하면서 지구에 이산화탄소가 급증합니다.

인천 송도에서 2018년 10월에 IPCC기후 변화에 관한 정부 간 협의체 총회를 개최했습니다. 여기서 「지구 온난화 1.5도」라는 특별 보고서를 채택했어요. 2100년까지 지구의 온도 상승을 1.5

도로 제한하자는 내용입니다. 그만큼 지구 온난화가 심각한 문제라는 걸 알 수 있죠. 그런데 아이러니하게도 그 총회가 열린 장소가 갯벌을 매립한 곳이에요. 자연 생태계의 보고인 갯벌을 없애고 그 위에 지구 온난화의 원인이 되는 이산화탄소를 엄청나게 배출하는 초고층 빌딩들을 잔뜩 지었습니다.

저는 요즘 이런 모순적인 일들을 많이 느낍니다. 멀쩡한 자연을 훼손시키고 그 위에 생태 교육장을 만들고요. '녹색 성장'을 이야기하면서 강을 파헤칩니다. 최첨단 농법이라고 선전하는 걸 보면 농토는 사라지고 거기에 인위적인 장치들을 설치해요. 자연에서 벗어난 농법은 그 자체로 반환경적입니다. 그들이 말하는 '스마트 농장'은 농사짓는 곳이 아니에요. 그저 자본이 지어 놓은 시설입니다. 그러면서 식량 자급률을 따지는데, 그렇게 먹을거리를 생산한다고 해서 자급률이 높아지지는 않아요. 화학 비료와 제초제를 사용한다고 해서 지구에서 굶주림이 사라지지 않았듯이 말이지요.

말이 나온 김에 식량 자급률을 더 말씀드려 보면, 지금 우리나라 식량 자급률은 20퍼센트가 겨우 넘습니다. 거기서 쌀을 빼면 3퍼센트가 될까 말까 해요. 왜 이럴까요? 수입해서 먹기 때문이에요. 싸다고 다른 나라에서 사서 들여옵니다. 그런데 왜 가격이 쌉니까? 화학 비료 치고 농약을 사용해서입니다. 공장식 축산으로 건강하지 못한 먹을거리를 생산해요. 그런 음식이 몸에 좋을 리 없습니다. 게다가 바깥에서 들여오니 스스로 농사를 지을 필요가 없습니다. 그래서 농지를 갈아엎고 그 위에 아파트를 짓습니다. 이런 악순환을 깨려면 새로운 접근법이 필요합니다.

이산화탄소를 배출하는 데는 화석 연료의 책임이 큽니다. 그중에서도 특히 '석유'가 주범이에요. 불과 100여 년 전부터 이걸 지구 생태계가 감당하지 못할 정도로 태워서 공기 중으로 막대하게 날려 보내면서 문제가 생기고 커진 거예요. 우리도 그 정도는 잘 알고 있습니다.

지금 우리나라는 인구가 줄어든다고 걱정을 크게 하지요? 그러나 전 세계적으로 보면 여전히 지구는 인간으로 넘칩니다. 그런데 지구에 인간만 사는 게 아니잖아요? 인간이 먹으려고 키우는 동물들의 양도 어마어마합니다. 닭도 많지만 대부분 소와 돼지 같은 포유류입니다. 지나치게 많아졌어요. 일반적으로 생태계가 안정되려면 먹이가 되는 생물에 비해 먹는 생물이 훨씬 적어야 합니다. 흔히 이야기하는 생태계 피라미드를 생각해 봅시다. 먹이가 되는 생물이 아래에 있다면 그 생물을 먹는 동물, 그리고 그 동물을 먹는 포식자가 있을 겁니다. 포식자는 자신이 먹는 동물보다 적어야 합니다. 대략 10퍼센트 정도를 넘으면 안정적일 수 없지요. 그 이하여야 먹이사슬이 깨지지 않고 생태계가 유지돼요.

그런데 인간이 가축을 키우고 육식을 과하게 즐기면서 그런 균형이 깨졌어요. 자연적인 상태에서 유지가 안 되는 상황을 인위적으로 만들어 놓은 겁니다. 어떻게요? 과학 기술과 석유라는 에너지원이 이 비자연적인 상황을 억지로 유지하고 있어요. 인간의 주된 먹을거리인 소와 닭, 돼지 등을 키우는 데 엄청난 양의 자원이 소비됩니다. 우리가 미국에서 소고기를 1킬로그램 수입한다는 것은 그 16배 양의 옥수수를 소비한다는 뜻입니다. 예전과 달리 사람이 사육하는 소는 풀을 먹지 못합니다. 주로 옥수수를 가공한 사료를 먹이잖아요. 사료는 어떻게 만들까요? 만드는 과정에서 막대한 화학 비료는 물론이고 제초제와 살충제 같은 농약이 포함됩니다. 모두 석유를 가공한 물질입니다. 그런 물질로 재배한 옥수수를 운송, 저장, 그리고 폐기하는 데도 석유가 사용됩니다. 물도 많이 소비해야 합니다. 소고기 1킬로그램을 생산하는 데 쓰이는 물이 1만 5000리터라고 해요. 그 결과는 여러분이 알고 있듯이 지구 온난화로 인한 기상 이변입니다.

여러분, 요즘 거의 매일 보게 되는 뉴스 중 하나가 극지방의 빙하가 녹고 있다는 소식이지요? 빙하가 녹는다는 건 그만큼 바닷물의 수위가 높아진다는 뜻입니다. 사막화도 이어집니다. 제가 몽골에 간 적이 있는데요. 구경을 다니다가 깜짝 놀랐습니다. 한 작은 도시에 들렀는데 주변이 온통 사막이에요. 예전에는 풀이 무성하던 곳이라고 합니다. 그래서 가축들을 키우고 했던 곳인데 지금은 모래바람만 날려요. 멀쩡하던 호수와 강이 사라지기도 합니다. 몽골 환경부에 의하면 지난 30년 동안 1166개의 호수와 887개의 강이 없어졌다고 해요. 이유는 바로 지구 온난화입니다. 이게 석유에 의존해 온 인류세의 본 모습이에요.

해결책은 분명합니다. 석유에서 벗어나는 거예요. 어떻게요? 대체 에너지를 개발해야 합니다. 지금까지는 석유가 무한할 거라는 가정하에 마구 퍼다 썼잖아요. 그러나 이 역시 머지않아 고갈될 거라는 게 과학자들의 예측입니다.

리처드 하인버그가 쓴 『파티는 끝났다』라는 책이 있습니다. 여기서 말하는 '파티'는 바로 '석유 파티'예요. 우리는 현재 인류 역사에서 가장 호화롭고 윤택한 시대를 살고 있습니다. 그 기저에는 바로 석유라는 자원이 있고요. 석유는 그 자체로 에너지원이지만 우리 삶에서 뗄 수 없는 전기를 만드는 데 쓰입니다. 여러분, 전기 없는 삶을 상상해 보신 적 있나요? 무인도에 살아도 전기는 있어야 합니다. 그런데 이 전기가 말이죠. 생산지와 소비지가 일치하지가 않아요. 에너지를 많이 쓰는 지역은 도시입니다. 하지만 도시에서 자체적으로 전기를 생산하지 않아요. 멀리 지방에서 생산된 전기를 끌어오지요.

　요즘 핵발전은 전기 생산에서 중요한 비중을 차지합니다. 급격한 산업화를 이룬 중국만 해도 엄청나게 많은 핵발전소를 짓고 있지요. 지금 있는 것만 서른여섯 개이고 매년 6~8개씩 더 지어서 2030년에는 110여 기를 보유할 예정이랍니다. 그런데 이 핵발전소들이 주로 해안에 몰려 있어요. 그중엔 우리 서해와 맞닿은 지역도 있습니다. 심지어 바다에 띄운 핵발전소도 계획하는데, 우리나라와 가장 가까운 산둥반도 앞에 위치합니다. 발전소가 해안에 위치한 것은 물이 필요하기 때문입니다. 터빈에서 나온 고온, 고압의 증기를 식히는 데 바닷물을 써요. 규모에 따라 다르긴 합니다만 화력발전소는 대략 초당 50톤 정도, 핵발전소는 100톤 정도의 물을 씁니다. 그런데 뜨거운 열을 식힌 바닷물은 당연히 온도가 높습니다. 이게 바다 생태계에 영향을 미쳐요. 플랑크톤이 바뀌면 플랑크톤을 잡아먹는 그 위 포식자가 바뀝니다. 우리 서해안과 동해안이 위험합니다. 중국과 우리나라, 일본의 원전을 식히고 나온 바닷물 때문입니다. 수온 상승으로 태풍도 잦아지면서 강력해집니다.

사정이 이런데도 과학자들은 계속 핵으로 뭔가를 해보려고 합니다. 여러분 '인공 태양'이라고 들어 보셨나요? 마치 현대 과학 기술의 정점으로 여겨지는 그 기술은 다름 아닌 핵융합이에요. 언론에서는 청정에너지로 홍보하지만 본질은 핵발전과 다를 바가 없습니다. 과학적 가능성을 벌써 60년 이상 광고하지만 그 실체는 불분명한데, 밑 빠진 독처럼 막대한 국가 예산이 낭비됩니다. 앞으로도 마찬가지일 수밖에 없습니다.

우리나라도 핵발전소들은 수도권과 멀리 떨어진 곳에 있습니다. 그쪽에서 생산된 전기를 끌어와서 쓰지요. 그런데 그렇게 깨끗하고 안전한 에너지 시설을 왜 서울이나 수도권에 짓지 않는 걸까요? 당연하게도 혐오 시설이기 때문입니다. 무엇보다 위험해요. 그래서 핵발전소 지역 주민들은 늘

우리는 자연의 일부입니다

도시의 안락함을 위해 희생당해요. 더 안타까운 것은 이렇게 생산된 에너지가 소비를 위한 소비로 이어진다는 점입니다. 핵발전이 값이 싸다고 선전하지요? 안전에 관한 비용, 폐기물 관리 비용을 후손에게 떠넘겼기 때문입니다. 일본 후쿠시마 핵발전소 폭발에서 보듯, 사고는 국가의 존망을 뒤흔들 정도로 막대한 비용이 들어가도 해결이 어렵기만 합니다. 그 비용은 당연히 전기 요금에 포함되지 않았습니다. 어느 나라나 후손에게 떠넘깁니다.

에코토피아를 그리며

다음으로 말씀드릴 게 '플라스틱'인데요. 요즘은 미세 플라스틱이 또 문제가 되고 있지요. 거의 눈에 보이지 않을 정도로 작은 플라스틱 조각들이 세계로 퍼져 나가서 먹을거리들을 오염시킵니다. 그리고 그 생물 속 미세 플라스틱은 상위 포식자인 우리 몸으로 들어와 차곡차곡 쌓여요.

플라스틱은 자연계에 없던 물질입니다. 인간이 발명하고 1945년경부터 지구 생태계에 마구 뿌렸습니다. 지금 플라스틱을 안 쓰는 곳은 없습니다. 플라스틱 없는 삶은 상상할 수 없는 지경인데, 플라스틱이 가진 치명적인 문제가 뭐예요? 분해가 안 된다는 겁니다. 미생물들은 죽은 동물의 사체를 분해해서 자연으로 돌려보냅니다. 수십억 년 이상 계속된 생태계의 안정적 순환입니다만, 플라스틱은 그 순환을 방해합니다. 그냥 두고두고 변하지 않는 상태로 있습니다. 이게 무슨 말이냐면, 플라스틱 쓰레기 때문에 자연 생태계가 망가진다는 거예요. 불과 100년도 못 되는 세월에 벌어진 사건입니다. 일례로 태평양에는 해류를 타고 모인 플라스틱 때문에 거대한 섬이 생길 지경이에요. 이것들은 바다 생태계를 파괴하는 동시에 인류의 먹을거리들을 오염시킵니다. 플라스틱은 먹을 수 없잖아요. 그런데도 동물들이 먹을 게 없으니까 삼켜요. 나중에 탈이 나서 비참하게 죽어 가는 동물의 모습이 방송에도 몇 번 나왔습니다. 그만큼 전 세계가 플라스틱의 위협으로부터 자유롭지 못합니다.

또 인류세와 관련한 물질이 콘크리트인데요. 땅속에 묻혀 있어야 할 석회석으로 만든 시멘트, 자갈, 모래 등이 섞여서 콘크리트가 되지요. 그런데 이 콘크리트는 생명이 살지 못하는 죽음의 물질이에요. 여러분, 콘크리트에서 식물이 자랄 수 있나요? 콘크리트에 미생물이 살 수 있나요? 그럼에도 전 세계의 땅은 빠르게 콘크리트로 덮여 가고 있는 상황이에요.

콘크리트에서 발생하는 미세 먼지를 생각해 봅시다. 시멘트를 만드는 과정에서는 그 무게만큼 온실가스가 발생합니다. 그리고 콘크리트에 섞이는 모래와 자갈이 강이나 바다에서 사라지면서 파괴되는 생태계는 결코 무시할 수 없습니다. 영국의 한 언론이 전 세계가 1년 동안 만드는 콘크리트를 모으면 영국 땅을 운동장처럼 편평하게 덮을 수 있다고 밝힐 정도로 지구 생태계가 도저히 감당할 수 없을 지경입니다. 콘크리트가 숲과 습지를 뒤덮은 자리에 들어선 건물과 도로에서 얼마나 많은 미세 먼지가 발생하나요. 숨이 막힐 지경이지요.

그래서 핵과 이산화탄소, 플라스틱, 콘크리트, 이러한 것들이 바로 현세가 인류세임을 보여주는 증거들이다, 라고 생각하면 되겠습니다.

그런데 저는 여기에 지엠오GMO를 포함시키고 싶어요. 유전자를 조작해서 만든 먹을거리잖아요. 이것도 원래 자연계에는 없던 겁니다. 유전자 조작이라는 기술이 얼마나 보편화되어 있느냐면, 여러분이 지금 먹는 음식 재료 중 상당수가 지엠오입니다. 콩, 옥수수, 감자, 면화 등이 그래요. 유전자 조작 기술은 식물에만 국한되지 않습니다. 언론 보도에 의하면 유전자 조작을 통해 태어난 소와 돼지가 우리 식탁에 오를 날이 얼마 남지 않았다고 합니다. 이러한 것들도 이전에는 볼 수 없었던 인류세의 특징이 아닐까 해요.

어니스트 칼렌바크가 쓴 『에코토피아』라는 소설이 있습니다. 1975년도에 출판된 책인데 우리나라 말로 번역된 건 절판이 되었어요. 소설을 보면 미래에 에코토피아라는 독립국가가 미국에 생겨요. 그곳은 완벽한 생태 도시로 그려집니다. 매연 없는 친환경적인 탈것, 재생 가능한 자원과 에너지, 자급자족하는 먹을거리 생산과 같은 일이 실제로 이루어지고 있어요. 주인공은 서방 세계에서 파견한 기자로 이러한 에코토피아의 사회와 제도들을 구석구석 취재합니다. 그러면서 인간에게 진정한 의미에서의 발전이란 무엇인가 하는 문제를 제기하지요.

그동안 제가 어두운 이야기만 했습니다만, 우리에겐 아직 희망이 있다고 생각합니다. 칼렌바크가 소설에서 이야기했던 부분들이 이미 현실 속에서 이루어지고 있기도 하고요. 중요한 것은 우리가 인류세의 상징으로 여겨지는 것들이 어떻게 해서 생겨났는지를 아는 일입니다.

핵과 이산화탄소, 플라스틱, 콘크리트, 미세 먼지 이 모든 것이 우리의 편리를 위해 존재합니다. 따라서 우리가 조금 더 불편해지기를 실천한다면 지구 생태계는 지금보다 나아질 수 있을 거라고 꿈꿀 수 있어요. 원래의 상태로 돌아갈 수 없는 현실이지만 말입니다. 우리에게 남은 과제는 무엇일까요? 탐욕이 이끈 분별없는 편의를 외면하는 일 아닐까요?

선조가 우리에게 물려주었듯, 최대한의 건강한 삶을 후손에게 넘겨주기 위해, 자발적으로 불편해지기를 여러분께 권하며 오늘 강의를 마치도록 하겠습니다. 고맙습니다.

2강

석탄과 핵
그리고
에너지 전환

이상수

환경 운동가

이상수 환경 운동가

~~~~~~~~~~~~~~~~~~~~~~~~~~~~~~

화석 에너지의 과소비가 불러온 기후 위기 속에서
다음 세대의 부담을 덜어 주는 방법 중 하나는 농사라고 생각한다.
여러 단체와 기관에서 토양 생태계에 관한 강의를 하고 있다.
『10대와 통하는 생물학 이야기』를 썼으며,
함께 쓴 책으로 『10대와 통하는 농사 이야기』가 있다

여러분, 연탄불 갈아 본 적 있나요? 요즘이야 보일러나 전열 기구 등이 있어서 연탄 구경할 일조차 없지만 40년 전만해도 새벽마다 일어나 연탄불을 가는 것은 겨울날의 일상이었죠.

뜬금없이 연탄 이야기를 꺼낸 이유는 이번 시간 주제가 에너지 전환이기 때문인데요. 에너지 전환이란 말 그대로 우리가 쓰고 있던 에너지를 다른 에너지로 바꾸는 겁니다. 나무를 땔감으로 사용해 오다 연탄과 같은 석탄으로 바꾼 것이 에너지 전환의 대표적인 사례에 해당하죠. 석탄 또한 석유나 천연가스, 핵에너지로 바뀌고 이는 최근에 햇빛이나 바람 등 재생 에너지로 다시 전환되고 있지요.

화석 에너지의 탄생

석탄은 오래전에 발견되었지만 처음부터 환영받는 에너지는 아니었어요. 땔감은 산에서 나무를 하면 되고 숯 또한 나무를 태워 쉽게 얻을 수 있었지만 석탄은 채굴과 운반이 힘들고 가공도 불편했거든요. 하지만 석탄은 불이 붙기만 하면 높은 온도를 내고 오랫동안 탔기 때문에 점차 나무와 숯을 밀어내기 시작했지요.

석탄이 나무를 대신하는 에너지로 자리 잡은 것은 18세기 산업 혁명 무렵이지만 난방이나 철을 만들기 위해 사용한 것은 훨씬 이전부터입니다. 5500년 전의 중국 유적지에서 석탄을 때던 아궁이가 출토되고 고려 시대 유물에서도 난방용 석탄이 발견되었거든요. 또 11세기부터 중국 송나라에서는 철을 만들기 위해 석탄을 태웠고 이후 유럽에서도 석탄을 사용했다는 기록이 나왔지요. 소빙기라 불릴 만큼 추운 겨울이 지속된 15세기 이후에는 땔감 수요가 늘어났고 그 결과 영국을 비롯한 유럽의 산림이 황폐해지고 목재가 귀해지면서 그 대안으로 석탄 수요가 급증하게 되었는데요. 특히 영국은 전 세계 석탄 생산량의 85퍼센트를 사용할 정도로 많은 석탄을 소비했다고 합니다.

석탄 수요는 18세기에 들어와 증기 기관과 맞물리면서 더욱 늘어났어요. 증기 기관은 물을 끓여 만든 고압의 수증기가 피스톤을 밀어내는 힘으로 바퀴나 기계를 움직이는 동력 기관인데요. 증기 기관 자동차와 증기 기관 열차, 증기선 등의 다양한 교통수단뿐만 아니라 실을 잣는 방적기와 옷감을 짜는 방직기 등 공장 기계의 동력원으로 두루 쓰였답니다. 그런데 공장보다 증기 기관을 더 먼저 그리고 더 필요로 했던 곳이 있었대요. 어딘지 아세요? 바로 탄광이에요. 석탄을 캐기 위해 탄광을 파 내려가면 지하수가 갱도로 스며 나오는데요. 차오른 지하수 때문에 갱도가 수몰되고 인명 사고가 자주 일어났다고 합니다. 영국의 탄광 업자들은 이 문제 때문에 오랫동안 골머리를 썩었다고 하는데 사람이나 가축의 힘을 빌려 물을 퍼 올리던 것을 증기 기관 시스템으로 바꾸기 시작하면서 사고가 크게 줄었다고 합니다. 밤낮없이 물을 퍼 올리는 증기 기관 덕분에 지하수 문제가 해결되었고 그로 인해 채굴 생산성이 높아진 석탄은 가정용뿐만 아니라 산업용 에너지로도 자리매김했지요.

영국은 특히 땅속에 있어야 할 석탄이 밖으로 드러난 노천

탄광이 많고 매장량 또한 풍부했는데요. 이러한 지리적 이점 때문에 필요한 만큼 석탄을 캐낼 수 있었고 이는 산업 혁명이 일어나는 계기가 되었습니다. 흔히 산업 혁명의 탄생 배경이라고 하면 증기 기관을 떠올리기 쉬운데요. 이게 전부는 아닙니다. 방적기와 방직기 등 공장 기계를 돌리는 것은 증기 기관이지만 증기 기관의 힘은 석탄에서 나오기 때문이지요. 각종 기계와 공장 설비에 쓰인 철 또한 석탄으로 만들었습니다. 순수한 철을 얻으려면 철광석을 녹일 만큼 높은 열이 필요한데 석탄에서 탄소만을 순수하게 분리시켜 만든 코크스가 이 문제를 해결했지요. 산업 혁명은 이런 바탕 위에서 일어난 것입니다. 최초의 증기 기관 자동차를 발명할 정도로 뛰어난 기술력을 보유한 프랑스가 아니라 영국에서 최초의 산업 혁명이 일어난 이유는 프랑스에 비해 풍부한 석탄 자원을 영국이 가졌기 때문이지요.

석탄은 화석 연료입니다. 화석 연료는 오래된 퇴적층에서 화석처럼 캐내는 연료를 말하는데요. 석탄과 석유, 천연가스가 대표적이죠. 고생대 석탄기의 나무와 풀 등 유기물이 지하에 퇴적되고 장구한 세월에 걸쳐 거대한 중력을 받아 탄소와 수소를 남긴 것이 석탄입니다. 비슷한 원리로 동식물의 사체가 화석화된 것이 석유와 천연가스입니다.

　화석 연료는 지난 200년 동안 인류의 핵심 에너지였습니다. 특히 석탄은 풍부한 매장량과 저렴한 가격, 높은 열에너지로 산업 혁명 이후의 근대 문명을 선도했습니다. 하지만 석탄은 대기 오염의 주범이기도 하지요. 17세기 영국의 작가인 존 이블린이 자신의 일기에 "석탄 검댕이 깃든 증기로 채워져 앞이 잘 보이지 않고 이것이 가슴을 압박해 숨조차 쉬기 어려웠다"고 적을 정도로 런던의 공기는 심하게 오염되었는데요. 해마다 겨울이면 석탄 연기와 그을음이 섞인 짙은 안개 즉 스모그가 발생해 많은 사람들이 목숨을 잃었다고 합니다. 특히 1952년 12월 런던에서 발생한 '그레이트 스모그'는 1만 2000여 명의 사망자를 냈다고 합니다.

　한편 석탄은 태울 때 이산화탄소를 내뿜는 탄소 에너지인데요. 산업 혁명 이후 석탄의 대량 소비는 이산화탄소 배출량을 크게 늘렸습니다. 이산화탄소는 대표적인 온실가스입니다. 온실가스는 유리 온실처럼 지구를 따뜻하게 만들기 때문에 지구 시스템을 유지하는 데 필요합니다. 하지만 대량 방출된 이산화탄소는 필요 이상으로 기온을 올려 기후 위기의 원인이 되기도 하지요.

지난 200년 동안 측정된 이산화탄소 농도와 지구 평균 기온은 비례합니다. 산업 혁명 이후 증가한 이산화탄소 농도가 지구 평균 기온을 상승시킨 것입니다. 여기에는 지구 자전축과 태양의 흑점 활동 등 또 다른 요인도 작용하는 것으로 알려져 있습니다. 하지만 과거에 지구 평균 기온이 이산화탄소 농도와 비례했으며 현재도 그 관계가 유효하다는 것은 부정할 수 없는 과학적 사실이지요.

기후 위기는 한 국가만의 문제가 아닙니다. 인류의 생사가 달린 문제이지요. 유엔 산하의 IPCC에 따르면 2018년 지구 평균 기온은 산업 혁명 이전보다 1.1도 더 뜨겁다고 합니다. IPCC는 기상학자, 해양학자, 빙하 전문가, 경제학자 등 전 세계 3000여 명의 전문가로 구성된 집단인데요. IPCC에서 제시한 바에 따르면 이산화탄소 농도가 지금의 속도대로 증가할 경우 21세기가 가기 전에 지구 평균 기온은 3.7도가 오르고 한반도는 이보다 빨라 최대 6도까지 상승할 수 있다고 합니다. 이쯤 되면 서울과 평양을 비롯한 한반도의 모든 도시는 생태적 폐허가 될 것이고 인류 문명이 무너지는 것 또한 시간문제가 될 것입니다. 2015년 우리나라와 북한을 포함한 세계 195개국의 지도자들이 파리에 모여 파리 기후변화협약

우리는 자연의 일부입니다

에 합의한 이유가 여기에 있습니다.

지구 온도 0.5도의 차이

파리 기후변화협약의 핵심은 지구 평균 기온을 산업 혁명 이전보다 2도 이상 오르지 않게 하는 것인데요. 2018년에는 이와는 별도로 가급적 1.5도 이내로 묶어 두자는 특별 보고서를 채택했습니다. 굳이 특별 보고서를 채택한 이유는 1.5도와 2도의 차이가 빚어내는 기후 위기의 크기가 다르기 때문입니다. 1.5도나 2도나 별 차이 없는 것 아닌가? 이렇게 생각할 수 있지만 그렇지 않지요. 지구 평균 기온이 2도가 오르면 여름철 북극에서 빙하가 사라지고 아마존 열대 우림이 파괴되며 시베리아 동토가 녹아 메탄이 방출되지만 1.5도로 제한하면 이런 사태를 막을 수 있지요. 특히 산호는 2도가 오르면 산호색이 하얗게 변하며 죽어 가는 백화 현상이 거의 모든 바다에서 일어날 수 있지만 1.5도로 묶어 두면 피해 지역이 70퍼센트로 줄어들고 다시 0.5도를 낮추면 산호초 일부를 살릴 수 있다고 합니다. 해수면의 온도가 1도만 올라도 태풍의 양상이 바뀌는 것처럼 지구 시스템에서 1도, 2도의 변화는 극적인 결과를 낳을 수 있지요. 마치 물컵에 물이 가득 차면 조금만 건드려도 물이 쏟아지는 것처럼 이 간극의 차이는 매우 큽니다.

혹시 티핑 포인트tipping point, 임계치라는 말을 들어봤나요? 99도에서 끓지 않던 물이 1도가 더해지면 끓듯이 작은 변화들이 어느 정도 기간을 두고 쌓여 작은 변화가 하나만 더 일어나도 균형이 급격히 무너지고 엄청난 변화가 몰려옵니다. 즉 티핑 포인트란 극적인 변화가 시작되는 어떤 지점을 의미합니다. 기후 위기의 티핑 포인트는 지구 대기 중 이산화탄소 농도가 450ppmparts per million, 100만 분의 1에 도달할 때인데요. 2019년 5월에 벌써 414.8ppm을 돌파했다고 합니다. 이는 전년에 비해 3.5ppm 증가한 수치입니다. 이대로 가면 2030년에는 67퍼센트의 확률로 450ppm을 넘어서게 됩니다. 불과 10년 만에 변곡점에 도달하는 것이지요. 이 수치를 벗어나면 지구 생태계는 극도로 교란되고 인류 문명이 괴멸할 가능성이 높아질 것입니다. 햇빛을 반사시키던 빙하가 녹고 이산화탄소를 흡수하던 숲이 망가지면서 지구의 기온은 더욱 상승할 것입니다. 자연이 인간을 압도하는 순간이

우리는 자연의 일부입니다

오는 것이지요.

인간은 스스로 강하다 여기지만 지구는 더 강합니다. 기후 위기로 해수면이 상승하면 부산, 인천 등 해안 도시가 침수되는 것은 물론 가뭄과 폭우로 식량 위기가 닥칠 수 있지요. 한국은 식량 자급률이 2018년 기준 46.7퍼센트인데요. 가축이 먹는 사료용 곡물까지 포함한 곡물 자급률은 이보다 작은 21.7퍼센트에 불과합니다. 만약 세계적인 식량 위기가 몰려와 식량 수출국이 자국민을 보호하기 위해 수출을 금지하고 여기에 더해 식량 배분이 정의롭게 이루어지지 않는다면 우리나라 국민의 절반 이상은 굶주림에 내몰릴 수도 있습니다. 자유 시장 경제학의 '보이지 않는 손'이 1000개가 나타나 수요와 공급이라는 전가의 보도를 휘두른다 해도 기후 위기가 불러온 식량 부족 문제를 헤쳐 나가지 못할 것입니다. 화석이 되어 잠들어 있던 석탄과 석유, 천연가스를 마음껏 캐내고 불태워도 잠자코 있던 지구였지만 이제 더 이상 지구는 우리 편이 아닙니다.

기후 위기를 막을 유일한 해법은 이산화탄소 배출을 줄이는 것입니다. 궁극적으로는 탄소 배출량을 순제로net zero로 만들어야 합니다. 탄소 배출량 순제로란 인간이 배출하는 이산화탄소와 지구 생태계가 흡수하는 양을 같게 하는 것을 말하는데요. 탄소 배출량을 순제로로 맞추는 것이 중요한 이유는 지금까지 배출한 이산화탄소의 양만으로도 즉 추가적인 온실가스의 공급 없이도 지구 평균 기온이 상승할 수 있기 때문입니다. 이에 IPCC는 2030년까지 이산화탄소를 2010년과 비교해 45퍼센트 줄이고 2050년까지 탄소 배출량을 순제로에 도달시켜야 한다고 강조합니다. 2050년까지 이산화탄소 배출을 순제로로 만든다는 의미에 대해 『파란 하늘 빨간 지구』의 저자 조천호 전 국립기상과학원장은 이렇게 이야기합니다. "2000년부터 이산화탄소 감축을 시작했더라면 매년 4퍼센트씩 줄이면 되었지만 2019년부터 시작하면 매년 18퍼센트씩 줄여야 한다. (…) 1998년 우리나라 외환 위기 당시 산업이 일시적으로 위축되어 이산화탄소 배출량이 약 20퍼센트 줄었다." 이 말의 의미는 매년 18퍼센트씩 줄이려면 해마다 외환 위기 때와 비슷한 정도의 충격을 겪어야 한다는 것이지요. 무려 30년 동안이나 말입니다.

작가이자 환경 운동가인 나오미 클라인 또한 자신의 저서 『이것이 모든 것을 바꾼다』에서 이산화탄소 감축이 몰고 올 파장이 노예제 폐지 운동이나 식민지가 제국주의 열강으로

우리는 자연의 일부입니다

부터 독립을 쟁취하던 제3세계 운동 정도의 경제적 충격과 놀라우리만치 흡사할 것이라고 주장했습니다. 기후 위기를 뚫고 나가려면 급격한 경제적 변화는 필연이라는 것이지요. 벌써 한숨부터 나오나요? 그러나 지레 겁먹을 필요는 없습니다. 방법이 있기 때문이지요. 그런데 이건 우리 모두가 알고 있는 것이기도 합니다. 뭐냐고요?

에너지 갈아타기

네. 에너지 전환입니다. 앞서 이야기했듯 에너지 전환이란 기존에 사용하던 에너지를 새로운 에너지로 바꾸는 것입니다. 화석 에너지와 핵에너지를 재생 에너지로 바꾸는 것입니다. 화석 연료와 우라늄을 비워 내고 그 자리에 태양과 바람과 물을 채우는 것이죠. 우리가 쓰고 있는 에너지는 크게 보면 석탄, 석유, 천연가스, 원자력 등이 있는데요. 모두 폐기물을 만드는 에너지입니다. 반면 태양광과 풍력, 수력, 조력 등 재생 에너지는 폐기물을 남기지 않으며 태양과 지구가 존재하는 한 지속 가능한 에너지입니다. 따라서 에너지 전환은 지구에 폐기물을 남기는 에너지에서 쓰레기를 남기지 않는 청정에너지로 갈아타는 것으로 재정의할 수 있지요.

재생 에너지는 이산화탄소를 거의 배출하지 않는 깨끗하고 안전한 청정에너지입니다. 물론 핵에너지도 전력을 생산하는 과정에서 이산화탄소를 거의 배출하지 않습니다. 그러나 핵발전소는 가동 중은 물론 원자로를 폐로시키는 과정에서도 방사능을 방출합니다. 여기서 나오는 핵폐기물은 인간의 기술로는 어찌할 수 없습니다. 지구를 오염시키고 미래 세대를 방사능 공포에 떨게 하는 물질이지요. 우리 인간은 핵분열을 일으키는 기술을 가졌어도 멈추게 하는 기술은 갖지 못했습니다. 핵폭탄은 제조할 수 있어도 핵분열을 정지시킬 능력은 없지요.

예컨대 프랑스 정부는 라듐과 방사능 연구로 노벨 화학상을 두 번이나 받았던 마리 퀴리의 연구소에서 나오는 핵폐기물을 아직도 처리하고 있다고 합니다. 1978년 문을 닫았지만 연구소 내부의 종이와 흙, 식물 등에서 방사능이 끊임없이 검출되고 있으며 방호복을 착용해야 출입이 허가될 정도로 엄중한 감시하에 놓여 있다고 합니다. 연구소에서 발견된 라듐의 반감기는 1600년이며 핵발전소의 원료인 우라늄[238]

우리는 자연의 일부입니다

의 반감기는 45억 년에 달합니다. 인간을 무력하게 만들기에 충분한 시간이지요.

그러나 핵발전을 찬성하는 사람들은 핵에너지야말로 전기 요금을 안정화시키고 경제를 성장시키는 저렴한 에너지이며 이산화탄소를 배출하지 않는 청정에너지라고 홍보합니다. 그들이 말하는 기후 위기를 극복할 최선의 방법은 화석 에너지를 줄이면서 생기는 에너지 공백을 일단 핵발전으로 메우고 점차 재생 에너지를 확대하자는 것인데요. 다시 말해 핵에너지 비중을 늘리고 재생 에너지는 상황을 보아 가며 점차 확대하자는 것입니다. 축구 경기에 비유하면 핵에너지가 주전 선수이고 재생 에너지는 예비 선수라는 것이지요. 재생 에너지가 전면에 나설 차례가 아직 아니라는 뜻입니다. 이런 주장의 밑바닥에는 재생 에너지는 효율이 낮고 해와 바람이 있을 때만 간헐적으로 전기를 생산하며 전기 요금을 올리는 비싼 에너지라는 생각이 깔려 있습니다. 반면 핵에너지는 높은 효율과 안정적인 전기를 공급할 수 있으며 기술적으로 안전하게 통제할 수 있다는 것이지요. 하지만 틀린 말입니다.

왜냐면 최근 태양광 패널 기술이 과거와 비교할 수 없을 정도로 좋아져 효율이 월등히 높아졌기 때문입니다. 값도 무척 싸졌습니다. 풍력의 발전 효율도 더욱 향상되고 있는데 특히 바다에 설치하는 해상 풍력은 육상 풍력에 비해 장점이 많지요. 해와 바람과 물의 상태에 따라 전력 생산량이 달라지는 현상은 기술적 완성도가 계속 높아지고 있는 대규모 전력 저장 장치ESS로 해결해 나가고 있습니다.

더군다나 핵에너지가 싸다는 주장은 완전한 착각입니다. 핵발전소의 전기가 싸게 보이는 이유는 원자로를 건설하고 유지하며 가동시키는, 눈에 보이는 비용만 따지기 때문이지요. 원자로는 그 특성상 전기를 생산하는 순간뿐만 아니라 원자로를 폐로시키는 과정 그리고 사고 처리에 투입되는 비용을 모두 계산서에 넣어야 합니다. 후쿠시마 핵발전소의 경우 향후 30~40년간 사고 처리 비용으로 들어갈 금액이 우리 돈으로 최대 800조가 넘는다는 사실이 이를 입증합니다.

한편 일본 정부는 2011년 사고 당시 녹아내린 원자로를 아직 처리하지 못했습니다. 핵분열을 멈추지 않고 있는 핵연료봉이 원자로의 두꺼운 철판을 뚫고 지하로 계속 내려가고 있지만 지금 어디쯤 있는지 위치조차 모르고 있지요. 또한 지난 8년간 원자로를 식히기 위해 사용되었다가 방사능에 오염된 물 115만 톤을 핵발전소 부지에 쌓아 두고 있다는

데요. 문제는 방사능 오염수가 매주 2000톤에서 4000톤씩 배출되기 때문에 저장 공간이 부족해져 2022년이면 포화 상태가 된다는 것이지요.

지금껏 일본 정부는 자신들의 과학 기술로 방사능 오염수를 안전하게 처리할 수 있다고 국제사회에 큰소리쳐 왔습니다. 하지만 모든 방법이 실패했습니다. 일례로 핵발전소 주변에 냉각 파이프를 촘촘히 박아 땅을 얼리는 방법으로 방사능 오염수를 줄이려 했지만 유출 양이 오히려 늘어났지요. 상황이 이렇게 되자 일본 정부는 방사능 오염수를 바다에 버리겠다는 뜻을 계속 내비치고 있습니다. 최근에는 우리나라 동해 쪽으로 버리겠다는 이야기도 나오는 상황입니다. 만에 하나 방사능 오염수를 바다에 풀기라도 하면 정말 큰일입니다. 일본 정부는 방사능 오염수를 바닷물에 희석시키는 것이 과학적으로 안전한 방법이라고 주장하지만 이는 전혀 사실이 아닙니다. 우리나라 동해는 물론 전 세계 바다가 방사능으로 오염되고 한일 양국 국민과 세계인의 건강을 위협할 것은 뻔한 이치죠. 태평양은 핵폐기물 처리장이 아닙니다. 방사능 오염수를 바다에 버리는 것은 정당하지 못할뿐더러 무책임함을 넘어 비겁하기까지 합니다.

핵에너지는 인간의 과학과 기술로 안전하게 관리하고 통제할 수 있는 성질의 것이 아닙니다. 후쿠시마 핵발전소 사고가 관리와 통제의 실패일 뿐 기술적 실패가 아니라는 주장은 사실이 아닙니다.

핵은 대안이 아니다

체르노빌 핵발전소 사고, 스리마일 핵발전소 사고 그리고 후쿠시마 핵발전소 사고의 악몽에도 불구하고 핵에너지야말로 인류의 희망이라고 믿는 사람들이 많습니다. 이산화탄소를 내뿜지 않는 핵에너지야말로 최적의 기후 위기 해결책이라고 말하는 마이크로소프트의 창업자 빌 게이츠가 대표적이지요. 빌 게이츠는 자신의 주장을 입증하기 위해 테라파워라고 하는 기업을 세워 새로운 개념의 핵발전 기술 개발을 지원하고 있다고 하는데요. 하지만 정작 기후 문제에 관한 한 지구 최고의 과학자들이 모인 IPCC에서조차 핵발전을 대안으로 제안한 적이 없습니다. 아직까지 사용 후 핵연료 즉 핵폐기물이 나오지 않는 핵발전소는 없습니다. 핵분열이 아닌 핵융합으로 에너지를 만들 수 있다고 주장하는 사람들도 있지만 이 기술은 50년이 걸려도 실현하기 어려운 기술입니다. 우리에게 필요한 것은 지금 우리 손에 없는 미래 기술이 아닙니다. 우리 손에 쥐어진 지속 가능한 에너지 기술이지요.

인간이 저지른 문제를 기술로 해결하겠다는 발상은 또 다른 문제를 일으킵니다. 핵발전은 이산화탄소를 감축할 수 있어도 방사능에 오염된 지구를 10만 년 이상 우리 후손에게 남길 것입니다. 따라서 빌 게이츠의 발언은 하늘에 이산화황과 같은 미세 입자를 대량 살포해 지구 온도를 떨어뜨린다든지 대규모의 이산화탄소 포집 장치로 기후 위기를 극복하겠다는 것보다 더 황당무계한 소리로 들릴 수밖에 없습니다. 그의 주장은 집을 태워 난방을 하자는 것과 다를 바 없지요. 핵발전소의 안전성을 아무리 높여도 그 위험성이 사라지는 것은 아닙니다. 기술이 모든 것을 해결해 줄 것이라는 믿음을 버리고 에너지 전환에 힘을 모아야 합니다.

핵에너지를 징검다리 삼아 재생 에너지의 효율이 높아질 때까지 혹은 새로운 에너지 기술이 개발될 때까지 기다리며 에너지 공백이 생기지 않도록 천천히 신중하게 추진하자는 주장도 있습니다만 이는 원자력 산업과 이익을 공유하는 일부 언론과 학계, 재계의 욕망일 뿐입니다.

에너지 전환의 과정은 신속하고 과감하게 이루어져야 합니다. 머뭇거릴 시간이 별로 없습니다. 새로운 에너지 기술이 개발될 때까지 기다릴 것이 아니라 그때그때 가능한 기술로 재생 에너지를 확대해 나가야 합니다. 화석 에너지가 퇴출되면서 생기는 에너지 공백은 당연히 재생 에너지로 채워 나가야 하지요.

또한 에너지 전환의 과정에서 빚어지는 역효과와 부작용도 최소화시켜야 합니다. 재생 에너지로 전환하는 과정에서 일시적으로 전기 요금이 오를 수 있습니다. 세금 더 걷으려 전기 요금 올리는 것이냐고 항변할 것이 아니라 기후 위기 극복 과정이라고 생각해야 합니다. 물론 정부는 사회적 약자를 위한 전기 요금 보완책을 마련해야 합니다. 폭염을 피하기 위해 에어컨을 돌리다 요금 폭탄을 맞는 시민을 보호하는 것도 중요하지만 에어컨이 아예 없는 사회적 약자에 대한 섬세하고 정의로운 손길도 필요하지요.

또한 석탄 화력 발전소와 핵발전소 폐쇄에 따른 관련 기업 노동자의 재취업을 위한 직업 교육과 해당 지역의 활성화 등

우리는 자연의 일부입니다

의 대책도 마련해야 합니다. 예컨대 독일은 2022년까지 모든 핵발전소를 폐쇄하고 아울러 2038년까지 모든 석탄 화력 발전소의 가동을 멈출 예정입니다. 핵발전소와 석탄 화력 발전소의 폐쇄에 따른 전력의 빈자리는 재생 에너지로 채울 예정이며 우리 돈으로 51조를 투입해 관련 시설 노동자와 지역 주민들에 대한 재취업을 위한 직업 교육과 지역 활성화 대책을 마련하기로 했습니다. 사실 독일은 재생 에너지로 전보다 더 많은 일자리를 창출했는데요. 이는 독일 사람들의 85퍼센트가 핵발전소를 줄여 재생 에너지를 확충하는 방안에 찬성하는 이유 중 하나라고 합니다.

에너지 전환을 과감하게 시도하지 못하는 까닭은 에너지 공백에 있습니다. 24시간 전력을 생산할 수 있는 화석 에너지에 비해 햇빛과 바람의 상태에 따라 간헐적으로 전력을 생산하는 재생 에너지의 속성은 에너지 전환을 망설이게 만들죠. 값싸고 에너지 효율이 높은 재생 에너지 설비를 개발하고 대규모 저장 장치를 활용한다 해도 분명 한계가 있을 것입니다. 해와 바람은 우리 마음대로 제어할 수 없기 때문입니다. 어떻게 하면 이 문제를 해결할 수 있을까요? 앞서 이야기했지만 핵에너지는 답이 아닙니다. 해법은 옆에 있습니다.

이웃 나라와 나누면 됩니다. 햇빛과 바람의 상태에 따라 때로 넘치고 때로 부족한 전력을 주변국과 주고받는 것이지요. 이미 유럽의 여러 나라들은 주변국들과 전력을 나누고 있는데요. 독일은 프랑스로부터 전력을 사기도 하지만 팔기도 하지요. 일례로 2012년 40도가 넘는 폭염이 유럽을 강타할 때 프랑스는 독일로부터 전력을 사 갔습니다. 프랑스는 핵발전으로 전력의 75퍼센트를 공급하지만 폭염은 이겨낼 수 없었던 것이지요.

동아시아는 유럽처럼 서로 부족한 전력을 주고받는 시장이 형성되어 있지 않지만 이는 우리나라에 새로운 기회가 될 수 있지요. 중국과 일본을 잇는 해저 전력 케이블을 설치하여 에너지 네트워크를 구축하면 우리가 동아시아 전력 시장의 중심이 될 가능성도 있다는 이야기입니다. 이것은 경제적 이익뿐만 아니라 에너지 안보를 위해서라도 서둘러야 할 사업입니다. 우리나라의 에너지 수입 의존도는 94퍼센트에 달합니다. 석유, 석탄은 국제 정세에 따라 언제든 수입선이 막힐 수 있지만 재생 에너지는 완전 국산이기 때문에 그럴 염려가 없습니다. 그렇다면 에너지 독립도 머지않아 가능한 일입니다.

다시 오지 않을 마지막 기회

2019년 정부는 수소 경제 활성화 로드맵을 발표하면서 2040년까지 수소 차수소 연료 전지 차를 620만 대 생산하고 수소 충전소를 전국에 1200개소나 구축하겠다고 밝혔습니다. 수소 차는 수소 연료 전지로 움직이는 일종의 전기 차인데요. 전기 차를 기본 구조로 배터리 대신 수소 연료 전지를 탑재한 것입니다. 수소 연료 전지에서 만들어진 전기로 모터를 돌리는 방식이라 이산화탄소를 배출하지 않기 때문에 최근 전기 차와 함께 미래형 자동차로 각광받고 있지요.

수소 경제 활성화 로드맵은 기후 위기의 주범인 화석 연료 즉 탄소 에너지를 벗어나 이산화탄소 배출량 감축과 수소 경제 달성이라는 두 마리 토끼를 잡으려는 의도에서 비롯된 것처럼 보이는데요. 문제는 현재의 수소 생산 구조를 그대로 놔둔 채 수소 경제를 활성화시키는 것은 빛 좋은 개살구일 뿐 탈탄소 경제 구축은커녕 이산화탄소 감축 효과도 크지 않다는 것입니다.

이유는 수소가 화석 연료 시스템의 바탕에서 생산되기 때문입니다. 현재 우리나라의 수소는 대부분 화석 연료에서 얻어지고 있습니다. 원유를 정제하는 과정에서 부산물로 생산되는 부생 수소는 2019년 현재 3000여 대에 불과한 수소 차를 움직이기에 충분하지만 부생 수소는 다른 산업에서도 활용도가 높은 원료이기 때문에 곧 공급이 수요를 따라잡지 못할 것입니다. 만약 정부 예상대로 수소 차가 보편화된다면 화석 연료인 천연가스를 분해해서 대량 생산해야 할 판이지요. 화석 연료 시스템을 벗어나려 하면 할수록 화석 연료 시스템을 벗어날 수 없다는 자기모순에 빠지는 것입니다.

사람들은 대개 물을 전기 분해하면 수소를 쉽게 얻을 수 있다고 생각합니다. 하지만 수소 연료 전지에서 나오는 전기보다 더 많은 양의 전기가 물의 전기분해에 들어간다는 사실은 잘 모르고 있지요. 더욱이 수소의 운반과 저장은 많은 에너지를 요구합니다. 에너지 효율면에서 봤을 때 수소 차는 낭비가 심하다는 말입니다.

현재 전력의 42퍼센트는 석탄에서 나오며 여기에 석유, 천연가스까지 더하면 화석 에너지가 차지하는 비중이 70퍼센트 가까이 됩니다. 전력 생산 분야의 이산화탄소 배출량 중에서 석탄이 차지하는 비중은 80퍼센트가 넘습니다. 만약 현재의 전력 생산 구조를 바꾸지 않은 채 물을 전기 분해해

우리는 자연의 일부입니다

수소를 생산한다면 '수소 차'는 '탄소 차' 아니 '석탄 차'라는 오명을 얻을 수도 있습니다. 이는 수소 차만의 문제가 아니며 전기 차가 당면한 문제이기도 합니다. 현재 전기 차를 충전하는 대부분의 전기가 이처럼 화석 연료에서 얻어지고 있기 때문이지요.

물론 수소 차와 전기 차는 기존의 가솔린 차량이나 디젤 차량보다 이산화탄소를 덜 배출하는 것은 사실입니다. 하지만 현재의 화석 연료 시스템을 기반으로 생산되는 전력 생산 구조를 재생 에너지로 전환시키지 않은 채 수소 차나 전기 차를 활성화시키는 것은 아랫돌 빼서 윗돌을 괴는 것밖에 되지 않습니다. 수소 경제를 제대로 활성화하려면 재생 에너지를 과감하게 확충하는 한편 햇빛과 바람이 좋아 전력이 남을 때 물을 전기 분해하여 수소를 만들고 이를 액화시켜 저장하면 됩니다. 태양광과 풍력의 잉여 전력을 이용한 세계 최대의 물 분해 장치를 건설 중인 독일의 경우처럼 재생 에너지와 결합한 수소 차, 전기 차만이 탈탄소 시대에 의미를 가질 수 있습니다.

서울을 비롯한 대부분의 지역에서 버스나 지하철 환승 시간은 낮 동안은 30분입니다. 시간 안에 환승하면 추가 요금이 거의 들지 않습니다. 하지만 시간을 넘기면 요금을 새로 내야 하지요. 요금을 더 내든 안 내든 대중교통은 갈아탈 수 있습니다. 하지만 기후 위기는 돌이킬 수 없습니다. 두 번째 기회는 없는 것입니다.

현재의 기후 위기는 인류가 한 번도 맞닥뜨린 적이 없는 초유의 존재론적 사건입니다. 따라서 이 문제를 해결하기 위해서는 급진적인 개념이 필요하지요. 기후 전문가들은 에너지 전환에 필요한 결정적 시간이 10년 아무리 길어야 15년이 주어졌다고 이야기합니다. 그동안 화석 에너지에서 햇빛과 바람으로 빨리 갈아타야 합니다. 다음 버스나 지하철은 영원히 오지 않기 때문이지요. 물론, 여기에 원자력이 낄 자리가 없다는 것은 주지의 사실입니다.

3강

‘공정한 밥상’,
생명 살림
먹을거리 이야기

심재훈
‘풀꽃세상’ 대표

심재훈 '풀꽃세상' 대표

~~~~~~~~~~~~~~~~~~~~~~~~~~~

환경 단체 '풀꽃세상' 대표를 맡고 있다.
(사)텃밭보급소 이사장,
사회적 기업 '문턱없는밥집'(현 사회적 협동조합 문턱없는세상)에서
대표 살림꾼을 맡았다.
『10대와 통하는 농사 이야기』를 함께 썼다.

안녕하세요. '풀꽃세상' 대표 심재훈입니다. 대부분의 생명은 흙에서 터전을 마련해서 함께 살아가고 있습니다. 그들은 모두 흙에서 나서 자라고 살다가 흙으로 돌아갑니다. 흙을 통해 식물, 동물 그리고 인간은 먹이 그물로 연결되어 있어요. 건강한 흙, 살아 있는 흙에서는 유기물과 무기물의 순환을 통해 지속 가능하고 공정한 밥상이 마련됩니다. 흙 속에서는 미생물 같은 흙 속 생물이 유기물*을 분해하고, 그 분해물이 식물의 영양분이 되고 인간이 그 식물을 먹는 물질

*

유기물은 기본적으로 생명체가 만드는 것이고, 무기물은 그렇지 않습니다. 그렇지만 오늘날 인공적으로 무기물을 가지고 유기물을 만들 수는 있습니다. 이 글에서는 동식물 등의 생명체가 만드는 것으로 자연에서 흙의 순환과 미생물에 의해서 완전히 분해될 수 있는 물질이라는 의미로 사용합니다. 생물체만이 가지고 있거나 만들어 내는 탄소 화합물이 있으면 유기물, 이러한 것이 없으면 무기물로 정의합니다. 그래서 생명활동을 통해서 얻게 된 DNA, 인간, 동물, 식물, 미생물, 세균, 곰팡이, 집 진드기, 손톱, 머리털, 죽은 동·식물, 부식질 등은 유기물이라 하고, 생명체가 만들지 않고 주로 자연 상태의 흙, 광석, 금속 등 광물로부터 얻게 되는 칼슘, 인, 마그네슘, 칼륨, 나트륨, 염소, 철, 구리, 황, 요오드, 망간, 아연 등은 무기물입니다.

순환이 일어납니다. 이와 관련해 오늘은 흙과 먹이그물로 연결된 생명 살림 먹을거리에 대한 이야기를 나눌까 합니다.

흙을 기반으로 하는 밥상 공동체

지구 생성 초기에는 오늘날 우리가 밟고 있는 이런 흙이 없었어요. 지구에는 생명도, 흙도 없었지요. 햇빛과 바람과 물, 단단한 암석만 있었어요. 암석이 풍화 작용 등으로 잘게 부서지면서, 물과 공기가 들어가고 무기물과 죽은 식물 같은 유기물과 결합하여 오늘날과 같은 흙이 되었습니다. 흙을 자세히 들여다보면 반 정도는 고체 상태고요, 나머지는 물 반, 공기 반으로 구성되어 있습니다. 좋은 땅일수록 물과 공기가 잘 혼합된 흙이 많아요. 그래야 작물이 잘 자라요.

흙은 입자의 크기에 따라 모래, 가는 모래, 점토 이렇게 나눕니다. 모래는 지름이 0.02~2밀리미터쯤 되는 걸 말하고요. 가는 모래의 크기는 그 100분의 1쯤 됩니다. 점토는 가는 모래보다 더 작은 크기입니다. 우리가 사는 땅의 흙은 그 사이 어딘가에 걸쳐 있습니다. 예컨대 어떤 지역의 흙은 모래가 많거나 점토가 많은 흙이 되는 것이지요. 우리가 농사지을 때는 점토와 모래가 적당히 섞여 있는 게 좋습니다.

흙 속을 자세히 들여다보면 그 안에 무수히 많은 생물이 존재합니다. 우리가 흔히 보는 광합성을 하는 식물들과 두더지, 지렁이, 미생물 같은 생물들이 있어요. 그리고 죽은 나무뿌리와 낙엽, 미생물에 의해 분해된 부식질이 있어요. 우리는 이 모든 것을 총괄해서 '유기물'이라고 해요.

그리고 흙 속에는 무기물이 있어요. 이 무기물은 살아 있는 식물의 영양분이 됩니다. 이게 무슨 말이냐 하면, 모든 생물들은 분해되고 나면 무기물만 남아요. 그 무기물 역시 흙에서 다 온 것들이에요.

생물은 죽으면 유기물로 쌓입니다. 그 유기물들은 여러 흙 속 생물들이 먹어 똥이 되어 분해돼요. 이때 미생물은 배출한 똥에 남아 있는 유기물을 분해해서 부식질로 만들어요. 이 부식질은 무기물 원소나 이산화탄소, 물과 같은 화합물, 다시 말해 식물의 영양분인 무기물 영양소로 됩니다. 흙에 생물이 살지 않는다면, 유기물이 분해되어 식물의 영양소가 되는 순환은 일어나지 않게 되고, 생물 역시 살 수 없는 땅이 될 것입니다. 말하자면 땅속에서 생명 활동을 통해서 무기물은 유기물로, 유기물은 또다시 무기물로 순환하는 거예요.

예를 들어 지렁이는 흙 속에 있는 무기물과 썩은 낙엽 등 식물들의 잔해(유기물)를 먹어요. 이걸 소화시켜서 배출한 유기물과 무기물 중 무기물은 식물들의 영양소가 됩니다. 그리고 식물은 광합성을 통해 이 무기물을 유기물로 바꿉니다. 이런 작용들이 없다면 죽은 땅이나 마찬가지예요.

이것을 간단한 실험을 통해서 살펴볼 수도 있어요. 같은 크기의 통을 마련해서 흙과 동식물 잔해를 넣는데, 하나는 오븐으로 구워서 모든 생물이 죽은 흙을 넣고, 다른 하나는 지렁이 등의 흙 속 생물이 살아 있는 흙을 넣어서 관찰해 보면 살아 있는 흙과 죽은 흙의 차이를 알 수 있어요.

오븐으로 구운 흙은 미생물의 활동이 없어 햇빛과, 바람 등 자연의 풍화 작용에 의해서 잘게 쪼개질 뿐입니다. 낙엽이나 죽은 동식물은 썩거나 발효되지 않고 마르거나 외력에 의해서 분해만 되겠죠. 반면에 미생물과 지렁이 등 흙 속 생물들이 살아 있는 흙에서는 다릅니다. 죽은 동식물은 미생물과 흙 속 생물들의 먹이가 되어 분해됩니다. 건강한 흙 1그램 속에는 수 억 마리의 미생물이 살고 있다고 합니다.

흙이 기름지다는 말을 하잖아요. 이는 흙 속에서 생물이 활발하게 활동한다는 뜻입니다. 수많은 흙 속 작은 생물들은 흙 속에서 먹이를 먹고 똥을 싸면서 자기의 생명을 이어가고 있어요. 이렇게 생명체가 만들고 배설한 유기물은 흙의 빛깔을 검게 하고 푹신푹신하게 합니다. 흙이 검게 물들었다는 것은 그 안에서 수많은 생명들이 유기물을 많이 분해시켰다는 뜻이에요. 흙이 푹신푹신하다는 것은 그 안에 공기층이 형성되었다는 뜻입니다. 작은 생물들이 이 일을 해요. 땅에 구멍을 뚫어 공기층을 형성하고 유기물을 소화시켜 식물의 영양소를 만드는 겁니다.

우리가 흙에서 자란 작물들을 먹을 때 그 안에 있는 영양소들은 그냥 오는 게 아니라 흙 속 미생물에 의해 분해되고 식물의 광합성 작용을 통해 오는 거예요. 한마디로 거대한 순환이지요. 죽은 생명체를 미생물들이 분해해서 새로운 생명의 영양소로 만들어 주고 우리 인간은 그 영양소로 자란 작물들을 먹는 겁니다. 이처럼 흙은 유기물과 무기물이 어우러지는 역동적인 자연환경이라고 할 수 있습니다. 이렇게 순환이 잘되는 땅의 한 줌 흙 속에는 우리 인류보다 더 많은 생명체가 살 수 있어요. 이러한 순환이 잘 이루어지는 지속 가능한 밥상이 '공정한 밥상'입니다.

그런데 우리는 농사를 지으면서 제초제와 화학 농약을 치잖아요. 그러면 어떤 결과가 생기느냐 하면, 제초제와 화학 농약에 의해 유익한 미생물을 비롯해서 지렁이 등 흙 속 생물이 죽게 돼요. 유기물을 분해하는 생명이 없으니 유기물의 무기물로의 환원이 원활하게 이루어지지 않아 땅이 점점 딱딱해지고 척박해져요.

이런 메커니즘을 잘 아는 농부는 절대로 화학 비료를 쓰지 않습니다. 대신 우리 전통 방식대로 거름과 퇴비를 쓰지요. 그래야만 흙 속 생물들이 제 역할을 합니다. 흙 속에서 식물이 썩으면서 만들어지는 유기물을 부식질이라고도 하는데요, 미생물은 이런 부식질을 만들어서 건강한 흙을 만들어주어요. 만약 미생물 같은 분해자가 없으면 어떻게 될까요? 세상은 죽은 생명들의 시체로 가득할 겁니다. 숲 속에 가면 언제 생겼는지도 모르는 낙엽이 계속 쌓여 있을 거예요.

두더지 같은 동물은 땅을 파서 흙에 공기층을 만들어 줍니다. 그리고 흙을 골고루 섞어서 흙 속 영양을 풍부하게 해주는 역할을 하지요. 그래서 흙을 기름지게 하고 순환시켜요. 농부들이 쟁기질을 하잖아요. 흙을 뒤집어서 공기와 영양분이 골고루 섞이게 하려는 거지요. 이런 역할을 지렁이나 두

우리는 자연의 일부입니다

더지가 하는 거예요.

지구상의 모든 생물은 흙 속에 사는 미생물이나 지렁이, 두더지 같은 흙 속 생물들한테 고마워해야 해요. 이 흙 속 생물들 덕분에 성장하는 식물들이나 식물들이 만들어낸 것들을 먹고사니까요.

제임스 B. 나르디라는 사람이 쓴 『흙을 살리는 자연의 위대한 생명들』이라는 책이 있습니다. 그는 책에서 이렇게 말해요. 우리 발아래 있는 흙에는 소우주가 있다. 하늘 위나 지상에 있는 것들은 거의 다 관찰을 했는데 흙 속에 있는 수많은 생명들에 대해서는 아직도 잘 모르겠다고 해요.

먹이 그물의 아래를 차지하는 식물은 그 위의 다양한 포식자들을 먹여 살리는 기초입니다. 그리고 포식자들은 분해자와 땅 파는 동물들의 증가를 막고 수적 균형을 유지하는 역할을 합니다. 건강한 흙에서는 미생물 같은 분해자와 땅 파는 동물, 그리고 포식자가 이렇게 공존합니다. 이를 통해 무기물의 세계와 유기물 세계가 조화를 이루는 거지요. 흙을 통해 생물은 서로 도움을 주면서 생장과 소멸이 균형을 유지하고 있다고 볼 수 있습니다.

흙 이야기를 계속해 보지요. 흙은 농업이나 목축의 토대가 됩니다. 흙의 쓰임새는 이뿐만이 아니에요. 집을 짓는 재료로도 쓰이고 물을 정화하는 데도 쓰입니다. 폐기물을 관리하는 데도 사용되지요. 그런데 여러분 1센티미터 두께의 흙이 만들어지는 데 얼마나 많은 시간이 걸리는지 아세요? 과학자들은 200년 이상 걸린다고 말합니다. 바위가 깨지고 비와 바람에 씻기고 하면서 아주 오랜 시간에 걸쳐 만들어져요. 이렇게 만들어진 흙이 지표에 30센티미터 쌓이는 데 1만 년이 걸린다고 합니다. 즉, 우리가 살아 있는 동안 기존에 만들어진 흙을 쓸 수는 있지만 새로 만들 수는 없다는 이야기입니다. 더욱이 한번 파괴되고 망가진 흙은 재활용이 안 됩니다.

그럼에도 우리는 이러한 소중한 흙을 남용하고 있어요. 인간은 지표면의 3분의 1 이상을 변형시키고 있어요. 그러면서 거기에 사는 생물들을 쫓아내요. 개발을 할 때 다른 생물의 서식지를 파괴하지 않게 조심해야 합니다. 그럼에도 난개발이 끊이지 않는 이유는 뭘까요? 당연히 돈입니다. 탐욕 때문에 수많은 생명을 희생시키고 있어요. 새만금 사업으로 수많은 생명이 살아가는 아름다운 갯벌이 파괴되었고요, 4대강 사업으로 강이 막혀 그 안에 살던 생명들이 죽어갑니다.

우리는 자연의 일부입니다

우리가 바다나 강에 사는 생물은 그나마 눈에 보이니까 그들이 죽어간다는 사실을 압니다. 그러나 흙 속에 사는 눈에 보이지 않는 작은 생명들에 대해서는 상대적으로 무관심해요.

흙이 망가지는 속도가 엄청나게 빠르다 보니까 이제 회복 불가능 상태까지 갑니다. 그래서 흙의 침식을 막는 게 국가적인 과제로 등장해요. 환경부에서는 '표토 보전 및 침식(유실) 방지 대책'을 세우기까지 합니다. 그러나 화학 농사 때문에 생명이 살 수 없는 흙이 점점 늘어가고 있습니다.

외래종의 생태계 교란도 문제가 되고 있습니다. 숲이나 강에 외래종이 들어와서 생태계를 어지럽힌다는 뉴스를 자주 보셨을 거예요. 흙 속도 사정이 다르지 않습니다. 집 짓는다고 땅 파헤치고 하천을 밀어 버리고, 그랬을 때 가장 먼저 자리 잡는 게 외래종들이에요. 이게 왜 문제가 되느냐면 흙의 먹이 그물이 교란됩니다. 그렇게 되면 땅속과 그 위에 있는 생물 간의 정상적인 상호 작용이 방해를 받아요. 기존 생태계가 건강하게 보존된 곳에는 외래종이 들어오기 힘들어요.

흙을 살리는 방법은 어렵지 않아요. 자연적 순환을 그대로 유지할 수 있게 두면 됩니다. 화학 비료 대신 퇴비를 쓰게 되면, 그 안에서 분해자들인 미생물들이 생존할 수 있어요. 우리가 음식을 만드는 과정에서 버리거나, 먹고 난 뒤의 음식물 찌꺼기를 활용하면 유기물 영양소를 제공하기 때문에 흙 속의 생물들과 함께 땅을 살릴 수 있습니다. 식량 자원의 가치로 환산했을 때 한해 22조 원 이상 경제적 손실이 발생하는 음식물 쓰레기 문제도 해결하고 땅도 살리면서 건강한 먹을거리를 생산할 수 있습니다. 그래서 저는 도시에 사는 분들에게도 텃밭 가꾸기를 권합니다. 집 앞에서 혹은 가까운 교외에서 텃밭 활동을 하면서 스스로 먹을거리를 생산하는 생산자가 되어 보자고요. 물론 이때 농사는 땅을 살리는 유기 농법이어야 합니다. 집에서 나온 음식물 쓰레기를 쓰고 화학 비료와 화학 제초제, 살균, 살충 농약을 안 치면서 작물들을 기르면 돼요. 땅을 살리면서 내 몸도 살리는 일거양득이 될 수 있습니다.

　지금까지 우리가 '흙' 속에서 생명들이 어떻게 서로 연결되어 살아가고 있는지를 살펴봤습니다. 다음으로 미생물에 대한 이야기를 통해 어떻게 우리 인간이 생물들이 차려준 밥상을 먹고 있는지 알아보겠습니다.

우리 몸과 미생물

학자들에 따라 이견이 있기는 합니다만, 보통 지구는 45억 년 전에 탄생했다고 하지요. 그러다가 약 38억 년 전 지구상에 최초의 생명체가 출현했다고 합니다. 이어서 다양한 미생물들이 등장하는데요, 이들은 생명력이 매우 강합니다. 어느 정도냐 하면, 아무런 장비도 없이 멀쩡하게 우주여행까지 하고 와도 살 수 있습니다. 비행선 렌즈에 붙어 있는 미생물이 달나라에 갔다 왔는데, 지구에 도착하니까 또다시 살아났대요. 심해나 빙하처럼 극한 조건에서도 살아남습니다. 번식력도 굉장해서 분열을 통해 순식간에 개체수를 늘립니다.

미생물은 다른 생명체들이 살아가는 데 매우 중요한 역할을 합니다. 예를 들어 어떤 박테리아는 산소를 만들어요. 우리는 보통 녹색식물들만 산소를 만든다고 생각하는데요, 박테리아나 조류 등도 상당한 양의 산소를 발생시킵니다. 지구가 생기고 초창기에 생명이 나타났을 때 그들이 산소를 만들었어요. 약 24억 년 전에 이렇게 만들어진 산소를 바탕으로 물질대사에 산소를 이용하는 생물이 출현할 수 있었습니다.

미생물 중에 식물 공생 세균 같은 것이 있습니다. 뿌리혹

박테리아가 대표적인 식물 공생 세균입니다. '공생'이라는 게 더불어 같이 산다는 뜻이지요. 식물들한테는 이 세균이 매우 중요합니다. 식물 생장에 중요한 성분이 바로 질소인데요. 우리는 이걸 화학 비료로 만들어서 인위적으로 뿌려 줍니다. 그러면 작물들이 부쩍부쩍 크지요. 뿌리혹박테리아가 바로 그런 역할을 해요. 식물의 뿌리에 질소를 묶어 둡니다. 그래서 이걸 경험으로 알고 있는 농부들은 뿌리혹박테리아가 자라는 식물을 먼저 기릅니다. 바로 콩과 식물들이에요.

지구상에서 인공적인 거 빼고 대략 90여 가지의 원소가 있다고 합니다. 그중에 우리 몸에도 있는 것이 약 60여 종이래요. 여기서 탄소, 수소, 산소, 질소, 인산, 칼륨, 마그네슘, 칼슘, 황, 이렇게 아홉 종이 우리 생명을 유지하는 데 중요한 원소예요. 그다음에 조금씩 필요한 것들이 철, 염소, 망간, 구리, 붕소, 아연, 몰리브덴 등입니다. 아마 식품 성분 표시란에 보면 이 이름들이 적혀 있는 걸 보실 수 있을 거예요.

우리는 공기와 자연 상태에서 자란 먹을거리를 통해 필요한 성분들을 충분히 얻을 수 있습니다. 그런데 왜 건강에 문제가 생기는 걸까요? 인위적으로 원소들을 얻기 때문입니다. 화학 비료 써서 키운 식물을 먹으면 그 자체가 부실한 영

우리는 자연의 일부입니다

양소가 되잖아요. 자꾸 부실한 게 들어오면 '리비히의 최소량의 법칙'에서 알 수 있듯이 다른 것이 넘치더라도 우리에게 필요한 영양소가 채워질 때까지 계속해서 먹게 되어요. 그 과정에서 필요 없는 것도 엄청 먹어요. 그래서 비만도 오고 덩치는 큰데 몸은 부실한 경우가 생겨요. 사람이 건강한 밥상을 가지려면 생태계의 순환을 깨뜨리지 않는 환경을 만들어야 합니다. 그 안에서 필요한 원소를 섭취해야 해요.

우리 몸 안에 수많은 생명들이 있습니다. 우리 몸의 세포가 한 사람당 대략 60조 개 정도 되는데요, 100조 개에 달하는 미생물이 우리와 함께 산다고 합니다. 어마어마한 생명체가 우리 몸속에 있는 겁니다. 100조 개에 이르는 미생물은 그 자체로 우리 몸의 주요한 구성체입니다. 그런데 우리는 어때요, 이들을 없애려고 노력하지요. 밖에 나갔다가 오면 소독부터 합니다. 미생물이 사는 곳은 피부나 소화 기관 및 내장, 콧속, 머리카락, 눈썹, 눈 등이에요. 소화 기관에만 해도 4000여 종의 미생물이 수십조 개 정도가 산다고 합니다. 그런데 얘들을 다 죽이면 어떻게 될까요? 우리 몸이 제대로 기능하지 못하겠지요. 우리는 미생물을 박멸해야 할 것으로 보면 안 돼요. 오히려 우리를 살리는 존재라고 봐야 합니다.

박테리아가 없으면 우리가 먹은 음식들을 소화할 수 없어요. 이들은 우리 몸에서도 중요한 역할을 하고 있는 겁니다. 우리가 먹은 것을 에너지원으로 바꾸어 줘요. 우리도 모르는 사이에 우리 몸을 해치는 미생물들과 싸워서 물리치기도 하고요. 우리가 잠을 자는 순간에도 이들은 활동합니다. 번식능력도 대단해서 불과 몇 시간 사이에 엄청난 양으로 분열할 수 있다고 해요. 그런데 이걸 우리 몸속에서 없애겠다는 건 불가능한 얘기죠.

미생물은 인류보다 훨씬 오래전에 생겼고 활동 반경도 매우 넓습니다. 몇 만 년을 죽은 듯이 있다가 깨어나서 다시 활동할 수도 있어요. 우리가 상상하는 것 이상으로 뛰어난 생명체라고 보시면 됩니다. 이들과 우리 인간이 공생하고 있다는 걸 잊으면 안 돼요.

우리 인간은 눈에 보이지 않으면 무시하는 경향이 있어요. 숲에 가서 흙을 한 움큼 쥐면 그 속에는 100억 마리의 미생물과 100만 마리의 효모와 20만 마리의 곰팡이(진균류)가 있습니다. 그런데 여러분 숲에 가면 어때요, 지저분하다는 느낌이 듭니까? 아니잖아요. 굉장히 쾌적합니다. 숲길을 걸으면 기분이 좋아지잖아요. 왜 그럴까요? 우리가 평소 지저분하고 비위생적으로 생각하는 미생물이 많은데요. 다양한 생명들이 균형을 이루고 있기 때문입니다. 뭐가 없어야 쾌적한 게 아니에요. 다함께 균형을 이루고 있을 때 우리는 건강함과 안정감을 느낍니다.

그래서 우리 인간이 건강하게 살려면 다양한 생명이 살 수 있도록 땅을 살려서 농사를 짓는 수밖에 없어요. 다양한 생명들이 어우러져 순환하고, 이를 통해 인체에 필요한 영양소를 골고루 섭취할 수 있는 환경을 만들어야 합니다. 우리 인간을 한 명 먹여 살리려면, 수많은 생물들이 밥상을 차려야 합니다. 그 사실을 꼭 기억하고 있어야 해요.

현대 산업형 농업의 이면

앞에서도 말씀드린 것처럼 화학 비료를 주면 땅이 금방 딱딱해져요. 쓸모없는 땅으로 변해 버립니다. 땅을 살리려면 미생물을 살려야 하고 그러려면 부식질과 퇴비를 써야 합니다. 그러면 다양한 무기물과 유기물들이 어우러지면서 식물들의 영양소를 만듭니다. 그 결과 건강한 먹을거리가 우리 밥상에 올라와요. 그런데 농약 쓰고 화학 비료 치면 미생물이 못 살아 땅은 점점 척박해지고 딱딱해지지요. 관행농을 하는 농부들도 그 사실을 잘 압니다. 그래서 기계로 갈아엎어요. 하지만 그때뿐입니다. 그 위에 또 농약을 치고 비료를 뿌리면 딱딱한 흙이 점점 많아질 뿐이에요. 땅이 굳으면 식물이 뿌리 내리기 어렵습니다. 공기층도 없고 물도 부족해져요. 그래서 관행농이 나쁘다는 거예요. 인위적으로 특정 화학 성분을 뿌리지 말고, 지렁이도 살 수 있고, 미생물들이 부식질을 만들어 주는 구조로 가야 합니다. 그러면 땅도 기름져지고 기계로 밭을 갈 필요가 없어요.

지렁이나 이보다 작은 선형동물은 최신 농기계들보다 훨씬 뛰어난 능력을 보입니다. 지렁이는 2~3미터 깊이까지 흙을 헤치면서 분변토로 만들어서 흙의 표면으로 올려 줍니다. 기계로 그렇게 할 수 없죠. 겉만 살살 파헤칠 뿐입니다. 그러니 굳이 돈 들여서 기계를 사느니, 그저 땅에 지렁이가 살 수 있도록 약을 안 치는 게 낫다는 거예요. 그러면 흙에 사는 생물에게도 좋고 사람도 좋잖아요.

여러분 찰스 다윈 아시죠? 진화론으로 우리에게 잘 알려져 있지요. 그런데 놀라지 마세요. 이분이 지렁이 연구가입니다. 찰스 다윈이 쓴 책 중 생전에 가장 많이 팔린 책이 『지렁이의 활동과 분변토의 형성』이에요. 스스로 필생의 역작으로 꼽습니다. 다윈은 이 책에서 "쟁기는 가장 오래되고 가장 값진 인간의 발명품이다. 하지만 인간이 등장하기 오래전부터 지렁이는 항상 땅을 갈았다"라고 말합니다. 그러면서 "세계사에서 이 하등 동물보다 더 중요한 역할을 한 동물이 과연 있는지 의심해 볼 만하다"라며 찬사를 보냅니다. 옛날 우리 농부들도 이 사실을 잘 알고 있었어요.

앞서 말씀드린 나르디의 『흙을 살리는 자연의 위대한 생명들』이라는 책에서도 화학 비료를 쓰는 관행농의 폐해를 적나라하게 지적합니다. 책에서는 땅이 거의 사막처럼 변한 장면을 보여 줘요. 우리는 처음에는 화학 비료와 농약이 인류에게 풍족함을 가져다줄 걸로 생각했습니다. 생산성을 비약적으로 발전시켰다고 믿었으니까요. 지금 지구상에는 120억 명을 먹여 살릴 식량이 있습니다. 그런데 여러분, 과연 인류는 굶주림에서 해방되었을까요? 아니죠. 여전히 엄청난 수의 사람들이 기아에 허덕이고 있어요. 소위 '녹색 혁명'이 일어났음에도 수많은 사람들이 굶고 있어요. 결국 이 '녹색 혁명'의 수혜자는 소수의 거대 자본뿐이라는 사실이 밝혀졌습니다. 가난한 사람들은 여전히 굶주림에 허덕이고 있어요. 우리가 시장이나 마트에 가면 먹을거리가 넘치잖아요. 그래도 돈이 없으면 못 사 먹습니다. 생산성만 늘리는 게 능사가 아닙니다. 생명을 살리는 농사가 중요합니다.

현대 산업형 농업은 먹을거리 재료들을 싸게 많이 길러 내는 게 우선이다 보니 화학 비료를 쓰는 농사와 공장식 축산이 횡행합니다. 그걸 '녹색 혁명'이라고 말하면서 기아로부터 인류를 해방시켜 줄 것처럼 말해요. 그러나 분배의 정의가 이루어지지 않아 지구 전체의 기아 문제는 해결되지 않았고 환경 문제만 키우고 있습니다. 우리가 직면한 주요한 환경 문제는 흙 속의 생물과 긴밀하게 연관되어 있습니다. 녹색 혁명으로 현대 농업은 흙의 위기를 가져오게 되었고 수탈 농업이 되었습니다. 흙이 할 수 있는 한계를 넘어서게 되고 더 많은 농약과 더 많은 화학 비료를 투여해야 했습니다. 흙이 산성화되면서 흙은 더욱더 생명력을 잃게 되고 순환이 끊기게 되었습니다. 수많은 땅속 생물들이 흙을 살린다는 사실을 인정하지 않고 화학 비료와 기계를 이용하면서 땅은 고통받고 있습니다. 부식질이 없으면 비료의 무기물 영양소는 물론이고 수분과 공기를 붙잡아 흙의 구조를 개선하고 흙을 비

우리는 자연의 일부입니다

옥하게 하는 틈새도 사라집니다. 아프리카를 비롯한 제3세계 곳곳의 땅이 사막화되고 있습니다. 작물을 키우고 저장, 유통하는 데 어마어마한 양의 화석 연료가 사용되면서 지구 온난화를 유발하고 있습니다.

일상에서 바쁘게 재빨리 한 끼 때우며 살아가는 우리들은 그저 '고기' 반찬이 나오면 최고로 생각하며 살아가고 있어요. 그렇지만 이러한 먹을거리 시스템의 구조를 조금만 살펴보면 우리 모두의 현실은 너무도 비참합니다. 우리나라는 2018년 현재 연간 닭만 해도 9억 3600만 마리, 돼지는 1672만 마리, 소는 87만 마리 이상 먹고 있습니다.

그런데 우리의 먹을거리가 되는 가축은 우리가 생각하듯이 농가나 농장에서 자라지 않습니다. 축산 기업에서 제품처럼 '생산'됩니다. 농가나 농장에서 흙 위에 모래 샤워 하며 뛰어 노닐다가 먹을거리가 되지 않습니다. 대기업이 주도하여 만든 '생산 공장'에서 닭은 A4지 정도의 작은 케이지에서 밤에도 밝은 상태에서 유전자 조작 사료를 먹고 최대한 짧은 시간에 최대한 빨리 살찌도록 키워집니다. 이러한 구조 속에서 양계, 양돈 농장은 최대한 비용을 줄이고 생산을 많이 해야 살아남습니다. 식용 목적으로 사육되는 동물들은 하나의 생명으로 취급하기보다 공장의 물건처럼 생산되고 있습니다.

우리가 공장식 축산에서 길러진 동물을 먹는다는 것은 더 많은 식물을 해치는 일이기도 합니다. 전 세계에서 재배되는 콩의 80퍼센트가 가축을 키우는 사료로 사용되고 있습니다. 방목지와 사료 재배를 위해 자연 숲이 파괴되고, 유전자 조작 작물을 키우는 과정에서 다른 식물들의 유전자가 오염되기도 합니다. 가축을 키우며 발생하는 메탄가스로 인한 지구 온난화로 숲이 고사하게 됩니다.

공장식 축산에서 자라는 가축은 비정상적으로 빠르게 키워집니다. 사료도 수입 옥수수가 주원료이고, 대부분 유전자 조작 식품입니다. 이렇게 빨리 자란 가축은 비만 가축으로 축산 기업에는 이익이 되지만 사람과 동물, 자연에는 치명적입니다. 비만 가축의 똥을 사용한 퇴비는 악취가 심하고 주변의 자연과 환경을 해칩니다. 공장식 농장에서 키워진 돼지는 생후 6개월 만에 100킬로그램이 넘는 체중이 되어 도축장에 갑니다. 반면에 자연의 속도로 자라는 돼지는 비슷한 몸무게가 되는 데 1년 정도 걸려요. 유전자 조작 사료를 먹이지 않고 빠른 성장을 위한 약물을 쓰지 않는 농장의 가축들은 자연의 속도에 따라서 자라지요.

공장식 축산에서는 가축들은 악취가 나는 자신의 분뇨 위에서 병에 걸리지 않도록 항생제, 호르몬제, 장 치료제, 강심제, 옴 치료제 같은 수도 없이 많은 약물을 투약받으며 '생산'됩니다. 약을 먹이지 않으면 사육이 불가능하기 때문입니다. 사육되는 가축이 악취가 심한 것은 더러워서가 아니라 분뇨를 제대로 치우지 않고 키워서 그렇습니다. 이러다가 취약한 환경 때문에 전염병이 돌면 이들은 모두 '살처분' 되기도 합니다. 이들 가축 중 돼지는 스톨(폭 60센티미터, 길이 2미터)이라는 감금 틀 안에서, 이가 뽑히고, 꼬리가 잘리고, 거세된 상태에서 자신들의 분뇨 위에서 먹고, 자며 신선한 공기 한번 마시지도 못하고 자랍니다. 돼지들은 더러운 동물로 오해받고 있는데 넓은 공간에서 키우면 잠자리와 배설하는 자리를 구분하여 깨끗하게 살아가는 동물입니다.

공장식 축산은 철저하게 목표 생산량을 채우기에만 급급합니다. 양적인 팽창을 통해서 이윤을 극대화하는 축산 기업과 고기를 싼값에 많이 먹고 싶어 하는 소비자들의 욕망이 모여서 이런 결과를 만들어 냅니다. 모든 생명이 자연의 일부로서 같은 권리를 가지고 있는데 이 시스템은 정말 가혹하고 비정한 시스템입니다. 동물의 환경이나 복지는 이런 시스템에서는 전혀 고려되지 않습니다. 물건처럼 생산되는 공장식 축산으로 공급되는 먹을거리는 우리에게 치명적인 전염병의 매개체가 되어 질병을 전파하기도 합니다. 세계 경작지의 30퍼센트가 가축 사료 생산을 위해 사용되고 있으며, 가축으로 인해 생기는 온실가스 배출량이 운송 수단에 의한 것보다 많이 발생한다고 합니다. 공장식 축산 시스템은 밀집형 사육, 감금 틀 사육으로 비용을 절감하지만 새로운 질병과 환경 문제를 남깁니다. 그렇게 싸게 생산된 먹을거리 재료들을 가공한 제품들 중 대표적인 게 햄버거 같은 '정크 푸드'이지요. 이걸 먹고 건강해지길 바란다는 게 이상한 일입니다.

결국 이러한 먹을거리 생산 시스템으로 이익을 얻는 데는 딱 한 곳, 바로 씨앗에서부터 생산, 제조, 유통, 판매를 수직 계열화하여 지배하고 있는 다국적 기업뿐입니다. 인간에게 이윤을 남기며 팔기 위해 생산되는 작물만을 남기고 다른 풀과 곤충, 미생물을 모조리 배제하는 죽임의 농사를 하는 겁니다. 생물 다양성은 다국적 기업이 이윤을 위해 필요한 작물을 자라게 하는 데 방해가 됩니다. 그래서 제초제와 농약으로 풀과 미생물, 동물들을 없애는 죽임의 농사를 합니다.

우리는 자연의 일부입니다

살림의 농사가 아닙니다.

다국적 기업이 먹을거리를 장악하고 돈을 버는 이 순간에도 지구의 20억 명 이상이 굶고 있어요. 공정한 밥상이 아닌 거죠.

굶주림의 진정한 원인은 식량이 모자라서가 절대 아니에요. 토지와 식량 같은 경제 자원이 소수에 집중되어 있기 때문입니다. 그래서 인류의 굶주림 문제를 해결하는 방법은 농약과 화학 비료가 아니라 민주주의일 수밖에 없다는 주장이 나오고 있습니다. 돈과 식량을 소수가 독점하고 있는 지금의 구조를 깨뜨려야만 기아 문제를 해결할 수 있어요.

지속 가능한 밥상, 생명 살림 밥상

우리가 무엇을 먹느냐도 중요하지만 '어떻게' 먹느냐도 중요합니다. 요즘은 전 세계적으로 이어져 있잖아요. 그래서 먹을거리도 세계 구석구석에서 옵니다. 가공식품은 말할 것도 없고 마트에서 파는 다양한 먹을거리의 원산지만 봐도 생소한 나라가 많아요. 그런데 이러다 보니까 많은 문제가 생깁니다. 일단 보관, 유통하는 데 많은 에너지가 소모돼요. 대표적으로 화석 연료가 많이 쓰입니다. 또 한 곳에서 한 작물을 집중적으로 기르다 보니까 자연 생태계가 파괴됩니다.

사람의 밥상은 어떤 환경에서 어떻게 길러진 것을 어떻게 먹느냐라는 문제로 귀결된다고 할 수 있습니다. 마이클 폴란은 『잡식동물의 딜레마』라는 책에서 "우리의 식재료가 먹는 것이, 곧 우리가 먹는 것이다"라는 말을 합니다. 이게 무슨 뜻입니까? 음식의 원재료가 어떻게 길러지는지를 봐야 한다는 거잖아요. 농약 치고 화학 비료 주어서 키운 작물을 먹으면 결국 우리가 그 농약과 비료를 먹는 셈이라는 겁니다. 내가 땅을 귀하게 생각해서 친환경 농사를 지으면 좋은 성분들이 식물들한테 갈 것이고, 그 식물이 곧 우리 몸을 이룹니다.

그런데 우리는 어떻습니까? 요즘은 먹을거리를 얻기 위해 시간과 비용을 투자하지 않습니다. 사방에 손만 뻗으면 먹을거리인 상황에서 굳이 그럴 이유가 없겠죠. 하지만 그 결과 어떻습니까? 각종 질병과 비만 같은 부작용이 속출하지요. 우리 몸만 버린 게 아닙니다. 생태계도 많이 망가졌어요.

현대의 먹을거리는 대부분 가까운 지역에서 생산된 것이 아니에요. 그리고 현대의 먹을거리는 자연의 흐름을 거스르

우리는 자연의 일부입니다

면서 생산되고 있어요. 자연적인 기후나 온도에 따라 특정 계절에 나오는 것이 아니라 시간의 맥락을 거스르고 철없이 만들어지고 있어요. 예전에는 대부분 집에서 음식을 만들어 먹었지만 이제는 패스트푸드, 인스턴트식품, 냉동식품에 의존하고 있죠. 값싼 농산물이 수입되어 국산 농산물이 설 자리가 없어지고 식량 자급도가 급격하게 낮아지고 있어요. 식량 자급률이 낮아지면서 식품 안전도에도 문제가 되고 있어요. 우리가 수입하는 농산물은 재배하면서 농약을 많이 사용할 뿐만 아니라 수확 후에도 뿌리고, 수송 과정에서도 방부제를 사용하기 때문에 안전하지 않아요. 물론 국내산 먹을거리도 대부분 산업형 농업으로 생산되면서 생산량을 높이기 위해서 많은 농약과 화학 비료를 사용하고 있어요. 여기에 더해서 우리들의 식생활도 문제가 되고 있어요. 제대로 된 식사보다 한 끼 때우기 식의 식사로 식생활이 바뀌면서, 비만, 아토피, 당뇨병 등이 점점 더 심각해지고 있어요.

그렇다면 어떻게 우리가 대안을 찾을 수 있을까요? 어떻게 하면 많은 사람들이 굶지 않고, 생태계를 보존하면서 밥상을 마련할 수 있을까요? 어떻게 하면 땅속 생물에서부터 식물, 닭이나 돼지, 소들이 자기답게 살 권리가 존중될 수 있을까요? 친환경 유기 농법으로 농사를 지으면 됩니다. 동물 복지의 측면에서 축산업을 재구성해야 하고요. 여러분 '로컬 푸드'라는 말 들어 보셨지요? 근거리에서 키운 먹을거리들을 말합니다. 근거리에서 생산된 먹을거리를 소비하는 로컬 푸드 운동이 정착되어야 합니다. 우리는 친환경 유기 농법으로 길러진 먹을거리를 먹되, 제철에 난 것, 가까운 지역에서 생산된 것을 먹어야 합니다.

댄 바버는 『제3의 식탁』이라는 책에서 앞서 우리가 이야기했던 문제점들을 지적한 후에 이를 극복할 대안으로 '제3의 식탁'을 제안합니다. 제3의 식탁은 지속 가능한 농업, 지속 가능한 어업, 환경을 생각하는 축산업으로 이루어집니다. 지속 가능한 농업은 알겠는데요, 어업은 좀 생소하지요?

예를 들어 우리가 먹는 새우를 볼게요. 우리가 마트에서 손쉽게 구하는 새우는 대개 수입물입니다. 말레이시아 같은 나라에서 대량으로 양식이 돼요. 양식장을 만들기 위해 숲을 없애는 등 부작용이 있어요. 기르는 과정에서 생산성만 중요시하다 보니 항생제와 성장 촉진제가 많이 쓰입니다. 농업과 마찬가지로 이런 방식이 지속 가능하지 않다는 얘기입니다. 축산업도 마찬가지입니다. 동물의 분변을 버리지 않고 농사

우리는 자연의 일부입니다

에 활용하는 등의 방식을 통해 생태를 보호할 수 있어요. 그래서 제3의 식탁에서는 다양한 사례를 통해 모든 생명이 관계의 그물망 안에 있다는 것을 강조하고 있습니다. 우리가 건강하고 맛있는 밥상을 차리기 위해서는 이런 생태적 측면을 고려해야 한다는 얘기입니다. 그래야 사람도 건강해지고 우리가 사는 지구도 건강해집니다.

흙과 작물, 그것을 먹는 동물들이 살아가는 환경과 복지는 서로 연결되어 있습니다. 친환경적인 유기 농업과 자연 농업은 자연의 생태계를 그대로 이용하는 농사입니다. 제초제와 농약, 화학 비료를 쓰지 않으며, 풀과 벌레, 곤충도 적대시하지 않습니다. 땅의 경작은 땅속 벌레와 지렁이와 지표면에 사는 수많은 동물들에게 맡깁니다. 자연의 순환 과정에 끼어들지 않고 자연의 시간에 따라 풀과 벌레가 나고 배설하고, 죽는 과정에서 자연스럽게 순환이 이루어집니다. 사람의 욕심이 끼어들게 하지 않고 자연의 생태계가 스스로 회복하고 유지되는 과정에서 농산물을 얻습니다. 식물과 동물, 미생물이 함부로 죽어가는 곳에서는 사람도 살 수 없습니다. 식물이 아름답고 풍성하게 자라고 동물과 미생물이 더불어 잘 살 수 있는 곳에서는 사람도 자연의 일부로서 생태적인 감수성을 느끼며 평화롭고 아름답게 살 수 있습니다.

손쉽게 구할 수 있다고 아무거나 사서 먹지 마세요. 이 먹을거리가 어떻게 만들어졌는지 꼼꼼히 따져 보아야 합니다. 어떤 농사 방식으로, 어떤 사육 방식으로 키워졌는지 살펴보세요. 그리고 어디서 왔는지, 얼마나 멀리서 왔는지를 살펴보면 그 먹을거리를 위해 얼마나 많은 것들이 희생되었는지 알 수 있습니다. 화학 비료와 제초제를 적게 쓰고 화석 연료를 많이 소비하지 않고 만들어진 먹을거리들을 얼마든지 가려낼 수 있어요. 소비자들이 그런 안목을 가지면 당연히 그런 먹을거리들이 많아지겠지요.

지속 가능한 먹을거리로 밥상을 차리기 위해서는 유기 농법과 자연 농법이 지금보다 더 확산되어야 합니다. 유기 농법과 자연 농법은 사람, 자연, 지구가 공생하는 삶의 방식이에요. 기존의 농업이 생산량을 높이고 유통의 편의를 도모하는 게 우선이었다면 유기 농법과 자연 농법은 건강, 생태, 공정, 배려라는 원칙 아래 생산 과정 하나하나도 인간과 자연의 공생을 추구합니다. 이를 통해 건강한 몸, 튼튼한 지구, 공정한 사회, 배려하는 사회를 만들어 갈 수 있어요. 여러분도 각자 있는 자리에서 함께 실천할 수 있기를 바랍니다.

우리는 자연의 일부입니다

먹을거리를 경제적인 관점으로만 보게 되면 농업뿐만 아니라 먹을거리의 중요성을 망각하게 됩니다. 세계 식량 체제 아래서는 생산자와 소비자가 분리되어 있어 먹을거리가 얼마나 중요한지 알 수 없게 됩니다. 우리는 이런 상황에서 '음식 문맹자'로 살고 있습니다. 다른 사람이 지은 먹을거리를 '사'서 먹음으로써 해결하고 있습니다. 그래서 우리는 대부분 나의 먹을거리를 만드는 사람이 어떤 사람인지? 어떻게 농사를 짓는지 모릅니다. 농사를 짓는 농부나 기업이 농약을 치는지 화학 비료를 주는지, 유전자 조작 작물을 생산해서 주는지 모릅니다. 원래 농업은 우리 문화와 삶의 뿌리였고, 역사와 문화를 보존하고, 토종 씨앗과 생물 다양성을 유지하는 것입니다. 공정한 밥상으로 생명을 살리는 먹을거리를 먹고, 지속 가능한 식량 체계 발전에 기여하기 위해서는 우리는 단순한 소비자가 아니라 '음식 시민'이 되어야 합니다. 집에서나 학교, 마을의 조그만 텃밭에서라도 땅을 살리고 생명을 살리는 농사를 해보아야 합니다. 잎채소나 열매채소, 뿌리채소 중에서 하나의 작물이라도 생명살림 농사법으로 키워보기를 권합니다. 그래서 소비자이면서 생산자가 되어 봅시다. 농업, 즉 먹을거리 생산은 자연의 수많은 생물들의 공정한 관계와 밀접한 관련이 있다는 것을 알고 실천할 수 있기를 바랍니다. 고맙습니다.

우리는 자연의 일부입니다

4강

~~~~~~~~~~~~~~~

군사, 정치, 생태로 바라본 비무장 지대

~~~~~~~~~~~~~~~

이시우

사진가

이시우 사진가

~~~~~~~~~~~~~~~~~~~~~~

비무장 지대, 지뢰, 한강 하구, 미군,
제주 4·3을 주제로 사진 작업을 해왔다.
『민통선 평화기행』, 『제주 오키나와 평화기행』, 『한강하구』,
『유엔군 사령부』와 같은 저서를 펴냈다.
비무장 지대 지뢰밭에 들어가 목숨을 걸고 찍은
<지뢰꽃>(1997년) 사진으로 국제적 명성을 얻었다.

반갑습니다, 사진가 이시우입니다.

풀꽃세상에서 처음 강연을 한 게 2005년도니까 벌써 15년 가량 되었네요. 최근에 다시 강연 요청 연락을 받고 무척 기뻤습니다. 오랜 시간 변함없이 활동해 주어서 고맙다는 생각을 했어요. 저는 여러분께 비무장 지대에 관해 말씀드리고자 이 자리에 섰습니다. 많은 사람들이 비무장 지대에 대해 전쟁의 상처 같은 부정적 인상과 더불어 생태와 환경이 보존된 역설의 현장 같은 긍정적 인상을 함께 갖는 것 같습니다. 논리적으로도 극적인 데가 있고 비극보다는 희망에 더 반응하는 심리도 작용한다고 봅니다. 그런데 저는 생각이 조금 다릅니다. 실제로 사진 작업을 하다 보니까, 외부에 비춰지는 것하고는 판이하게 다른 측면들이 있어요.

생태가 파괴된 땅, 비무장 지대

비무장 지대*는 제가 사진 작업을 한 첫 번째 대상이에요. 처음에는 저도 생태와 환경이 잘 보존되어 있는 세계 유일무이한 장소라는 기대를 가지고 출발했습니다. 그런데 작업을 하다 보니까 자연 생태가 잘 보존되기는커녕 철저하게 파괴된 곳임을 알게 되었습니다.

비무장 지대에서는 봄마다 '사계 청소'射界淸掃라고 해서 군부대에서 작전을 합니다. 이때 정기적으로 불을 내요. 남과 북이 서로 그렇게 합니다. 수풀이 무성하면 적을 관찰하기가 어렵잖아요. 그래서 시야를 확보하려고 불을 냅니다. 싹 다 태워 버려요. 구글 지도를 보면 비무장 지대는 마치 바리캉으로 머리를 민 것처럼 깎여 있어요. 예전에 인기를 끌었던 <공동경비구역 JSA>2000년 같은 영화를 보면 갈대밭이 쫙 펼쳐지잖아요. 그런 장면을 보면서 사람들은 그만큼 자연환경이 잘 보존되어 있는 걸로 착각을 합니다.

그런데 생각을 한번 해보세요. 그 넓은 갈대밭은 역설적으로 그만큼 다른 생명체가 없다는 걸 방증하지 않나요? 풀만 있고 나무가 별로 없어요. 풀을 먹고 사는 초식 동물이 대다

---

*
DMZ(demilitarized zone)라고도 한다. 1953년 정전 협정에 따라 설정된 비무장 지역. 군사 분계선으로부터 각각 2킬로미터 범위로 지정되어 있다.

우리는 자연의 일부입니다

불탄 비무장 지대.

수예요. 여러분이 잘 아시는 고라니, 노루, 산양 정도가 살고 있어요. 그런데 우리는 마치 호랑이라도 살 것 같은 밀림을 생각합니다. 실제로 어떤 분이 비무장 지대에서 호랑이를 찾으려고 열심히 노력했습니다. 물론 발견되지는 않았어요. 호랑이는 먹이사슬의 최상부에 있는 육식 동물이잖아요. 그러려면 다양한 생물들이 살고 있어야 해요. 그런데 비무장 지대의 생태계는 그렇지 못합니다. 앞서 말씀드렸듯이 초식 동물 정도가 살 수 있는 환경이에요. 그게 현실의 비무장 지대예요. 저도 그 사실을 알고 나서는 처음에 조금 충격을 받았어요. 사진 작업의 방향을 어떻게 잡아야 하나 고민이 많았습니다. 비무장 지대가 생태와 환경의 보고이자 생명체의 천국이라고 생각하는 건 의식적, 무의식적으로 만들어진 이데올로기라는 측면이 있어요. 이런 것들이 오히려 진실을 가리는 게 아닌가 싶습니다.

비무장 지대가 가지는 환경 이데올로기 때문에 이곳을 보존하자는 목소리가 높을수록 그 안에 녹아 있는 분단 체제, 정전 체제에 대한 문제의식이 약해지는 역설적인 상황이 벌어져요. 그리고 우리가 생활하는 공간에서 멀리 떨어진, 심지어 별개의 세상처럼 여겨집니다. 갈 수 없는 갈망과 연민의 대상이었다가, 가서는 안 되는 금단의 대상으로 바뀝니다. 욕망의 정의는 이루고 싶은 마음입니다. 그러나 사람은 욕망이 이루어지는 것을 두려워하기도 합니다. 그래서 욕망은 이루어져서는 안 되는 것으로 바뀝니다. 비무장 지대에도 그런 관성이 작용합니다. 이제 비무장 지대를 갈 수 있는 상황이 막상 눈앞에 도래하자 가서는 안 되는 곳으로 만들고 싶어집니다. 인간의 발길이 끊겨서, 원시적 생태계가 보존되었다는 논리나 인상이 그럴듯한 근거처럼 수긍됩니다. 이런

우리는 자연의 일부입니다

문제를 한번 고민해 보아야 하지 않나 싶어요.

현재 비무장 지대에는 여러 문제가 공존합니다. 군사적인 문제가 우선 있겠고요. 그다음에 정치적인 문제, 생태 환경 문제도 당연히 있습니다. 비무장 지대는 말 그대로라면 적대 행위를 멈추고 비무장 상태가 된 곳이잖아요. 정전 상태에서 무력적 충돌을 막기 위한 일종의 완충 작용을 하는 장소라고 할 수 있습니다. 그게 비무장 지대의 기원이자 역사이고 구조입니다. 그러나 오랜 시간이 흐르면서 비본질적인 문제, 부수적인 문제가 시대의 발전과 함께 관심을 끌게 된 것입니다. 그러나 현상의 다양성과 본질의 일관성을 혼동해선 안 됩니다.

과거에도 많은 사람들이 비무장 지대에 관심을 보이고 이곳을 어떻게 할 것인가 하는 구상들을 쏟아냈어요. 1990년대에 당시 노태우 정권이 북방 정책을 추진하면서 우호적인 분위기가 형성되었어요. 노태우 정부 때 처음으로 경계선을 중심으로 남북 간에 교류를 하면서 통일을 할 수 있다는 생각을 하기 시작했어요. 그때 비무장 지대와 관련된 거의 모든 아이디어가 나왔습니다. 지금 비무장 지대의 활용에 대한 아이디어들이 그때 이미 생겨났던 거예요.

그런데 지금 보면 실천된 것이 하나도 없습니다. 그때부터 비무장 지대를 생태 공원화 하자, 평화 공원으로 만들자는 이야기가 있었지만 지금 어때요, 변한 게 없죠. 왜 그럴까요? 우리에게 비무장 지대를 통제할 권한이 없기 때문입니다. 2019년 6월 12일에 문재인 대통령이 노르웨이 오슬로에서 분단 문제 해결을 위한 방안을 내놓았습니다. 일명 '오슬로 선언'이라고 하지요. 여기에 나오는 내용 중 하나가 남북 접경 위원회를 만들자는 것입니다. 독일의 사례를 참고한 듯한데요, '접경 위원회'라는 구상은 1990년대에 이미 나왔던 개념입니다. 다시 말하면 지난 20년 간 진행이 안 된 상태로 머물러 있었다는 겁니다. 이걸 다시 한 번 강조해서 추진해 보자고 하는 겁니다. 그러려면 어떻게 해야 할까요? 다양한 작업들이 필요하지만, 저는 무엇보다도 비무장 지대의 '관할권' 문제를 먼저 풀어야 한다고 봅니다. 그럼 관할권, 주권 문제를 본격적으로 다루기에 앞서 가장 1차적인 문제라고 할 수 있는 군사적인 문제를 중심으로 비무장 지대 문제를 살펴보겠습니다.

군사적인 문제를 중심으로 살펴본 비무장 지대

지뢰

1953년 7월 27일 체결된 정전 협정*을 보면요, 비무장 지대에는 지뢰를 묻을 수 없게 되어 있습니다. 협정문 13항을 보겠습니다.

> 비무장 지대 내에 존재한다고 알려져 있는 모든 폭발물, 지뢰원, 철조망 및 기타 군사정전 위원회 또는 그의 공동 감시 소조 인원의 통행 안전에 위험이 미치는 위험물들은 (…) 72시간의 기간이 끝난 후 45일 내에 모든 이러한 위험물은 반드시 군사정전위원회 지시에 따라, 또 그 감독하에 비무장 지대 내로부터 이를 제거한다.

그러니까 전쟁이 끝난 1953년에 이미 다 제거가 되어 있어야 정상이에요. 그런데 이 협정 조항은 지켜지지 않았습니다. 지금 전 세계에서 지뢰 매설 밀도가 가장 높은 곳이 바로 한국의 비무장 지대입니다. 그 사실이 알려지기 전까지는 과거 분쟁 지역이었던 남아프리카공화국이나 앙골라 같은 데가 지뢰 매설 밀도가 가장 높았어요. 그런데 알고 보니 우리

---

*
1953년 7월 27일 국제연합군 총사령관과 조선인민군 최고 사령관, 중국인민지원군 사령원 간에 체결되었다.

나라 비무장 지대에 비할 바가 아니었던 거예요. 그런데 지
뢰가 집중적으로 매설된 게 전쟁 때만이 아닙니다. 1962년
이후부터 비무장 지대와 민통선* 지역에 지뢰가 집중적으로
매설됩니다.

　1962년 10~11월 사이에 쿠바 미사일 사태가 터집니다. 미
국의 턱밑인 쿠바에 소련이 미사일 기지를 건설하겠다고 해
요. 미국이 강력하게 반발합니다. 세계는 핵전쟁이 일어날지
도 모른다는 불안에 떨어야 했죠. 나중에 타협을 하기는 했
습니다만, 이 일로 인해 미국과 소련의 힘겨루기가 세계 도

*
민간인 출입 통제선. 비무장 지대 남쪽에 있는 경계선으로 여기부터 민간인의 출입이
통제된다.

처에서 벌어집니다. 미·소 대결이 절정으로 치닫던 시절이었습니다. 당시 남북으로 나뉘어 있던 한반도도 영향을 받아요. 그중 하나가 바로 지뢰 매설로 나타난 겁니다. 쿠바에서 생긴 일 때문에 우리나라에 지뢰가 깔리는 어리둥절한 사건이 생긴 것이죠.

우리나라가 자체적으로 지뢰를 생산한 시기는 1972년 이후입니다. 박정희 정권 최초의 국방 개발 사업인 번개 사업을 통해서입니다. 당시 한국화약한화은 폭죽 만드는 기술을 응용해서 폭약을 제조하기 시작했는데, 미군이 쓰던 지뢰를 참고해서 자체 제작을 하게 됩니다. 그러니까 이전에 매설된 것들은 모두 미군이 쓰던 지뢰인 셈이죠. 지금 가장 많이 발견되는 지뢰들에 표시된 생산 연도가 1960년, 1964년이니 미군 지뢰들입니다.

이러한 결정은 당연히 유엔사에서 내렸습니다. 군인들이 개인적으로 지뢰를 묻지는 않잖아요. 상부에서 지시를 해야 움직입니다. 비무장 지대에 대한 작전 통제권은 유엔 사령관이 갖고 있으니까요.

고엽제

1967년에는 비무장 지대에 고엽제가 뿌려집니다. 우리는 보통 베트남 전쟁 때 고엽제가 뿌려진 걸로 알고 있지요. 그런데 미군이 베트남에만 뿌린 게 아니에요. 우리나라 비무장 지대에도 같이 뿌렸습니다. 이것도 당시에는 몰랐어요. 나중에야 밝혀진 사실입니다.

미국 메릴랜드 주에 포트 디트릭이라는 생화학 군사 기지가 있습니다. 생화학 무기를 다루는 곳이에요. 여기서 두 명의 박사가 1967년에 한국에 파견 와서 비무장 지대 다섯 군데에서 고엽제 실험을 합니다. 고엽제나 제초제는 지역의 토양에 따라 효과가 다르거든요. 그걸 알아보려고 온 겁니다.

예를 들어, 제초제의 반감기는 텍사스 주에서는 3일, 아이오와 주에서 141일, 스웨덴 삼림 토양에서는 1~3년으로 다양합니다. 이처럼 지역 차이가 크니까 임상 실험이 중요했지요. 어느 지역에서 어느 정도의 효과가 있는지 임상 자료가 있어야 합니다. 그래서 미군이 1967년에 비무장 지대에 와서 실험을 합니다. 그러고 나서 이듬해인 1968년 5월에 비무장 지대에 대규모로 고엽제를 살포하죠. 제가 지금 드리는 말씀은 공식 기록에 나와 있는 이야기예요.

그런데 당시 고엽제를 뿌리면서 제초제 실험도 같이 합니다. 고엽제와 제초제가 비슷하긴 한데 약간 달라요. 고엽제는 식물들을 종류를 안 가리고 바로 죽이는데, 제초제는 선택적으로 죽입니다. 예를 들어 과수원 같은 데서 쓰는 나무는 살리고 풀만 죽이는 게 있고요. 수풀이 무성한 곳을 싹 정리하는 제초제가 있어요. 이건 군사 목적이 아니지요. 냉전을 핑계로 자기들 상품 개발하는 데 한국 땅을 이용한 겁니다. 비무장 지대를 미군의 점령 지역으로 공식화하고 있던 그런 조건이 아니면 어느 나라가 그걸 허락하겠어요. 그래서 미군도 비밀리에 한 거잖아요.

어쨌든 그런 과정을 거쳐 고엽제가 뿌려지고 제초제 실험 데이터는 미국의 민간 회사로 넘어갑니다. 여기서 등장하는 곳이 바로 얼마 전에 독일의 바이엘 사로 합병된 몬산토예요. 여러분도 이름을 들어 보셨겠지만 몬산토는 굴지의 종자 회사가 되기 전 라운드업이라는 제초제로 큰 기업입니다. 이 회사가 만든 유전자 조작 작물과 제초제는 전 세계적으로 쓰여요. 강력한 제초제를 만들고 거기에 살아남는 유전자 조작 작물을 만들어서 두 개를 함께 팝니다. 병 주고 약 주는 방식이지요. 몬산토가 성장하기까지 우리나라 비무장 지대에서 있었던 실험 같은 것들이 한몫한 거예요.

그런데 이런 일이 어떻게 가능했을까요? 당시 미국의 국무부 장관, 우리로 따지면 외무부 장관이 딘 러스크라고 하는 사람이었습니다. 이 사람은 한국 전쟁과도 깊은 관련이 있어요.

미국 국무성에서 북한의 무력 공격 사실을 가장 먼저 보고받은 사람이 바로 딘 러스크였습니다. 그는 자신이 받은 정보를 바탕으로 네 장짜리 보고서를 만들면서 이전부터 있었던 국지적 충돌이 아니라 전면전이라고 규정합니다. 미국이 참전을 결정하는 데 이 보고서가 영향을 끼쳤다고 보시면 되고요.

여하튼 이 사람이 당시에 록펠러 재단의 이사였습니다. 1960년에 장관이 되면서 이사 자리는 내놨지만 여전히 관계를 맺고 있었지요. 그런데 당시 제초제 실험을 한 몬산토라는 기업이 록펠러 산하의 기업이에요. 개인과 기업의 이해관계 때문에 우리 땅에서 죽음의 약을 만드는 실험이 이루어졌다는 사실이, 게다가 그러한 사실조차 모르고 있었다는 사실이 우리의 감정을 복잡하게 만듭니다. 이 모든 게 우리가 우리 땅에 대한 주권을 온전히 행사하지 못했기 때문입니다.

우리는 자연의 일부입니다

지금도 그렇지만 당시 우리나라 비무장 지대를 통제하는 것은 유엔군 사령관입니다. 고엽제나 제초제 실험이라는 게 비무장 지대 전역을 무대로 했기 때문에 반드시 전 지역에 대한 작전 통제권을 가진 사람에게 승인을 받아야 했지요. 당시 이런 권한을 가지고 있던 사람은 주한미군 사령관 겸 유엔 사령관이었던 찰스 본스틸이었습니다.

　당시 미국의 문서를 보면 1만 드럼 정도의 고엽제가 한국으로 들어왔습니다. 통상 액체 용기는 55갤런 드럼을 사용하기에 55만 갤런이 됩니다. 그런데 그 뒤에 미국은 한반도에 들어온 고엽제는 단 한 번도 한국 밖으로 나간 적이 없다고 공식 확인했어요. 이들의 말을 그대로 믿는다면 지금도 쓰고 남은 고엽제가 어딘가에 있는 겁니다. 이런 것들도 아직 다 확인이 안 되고 있어요. 여러분, 고엽제는 생태계에 치명적입니다. 그럼에도 지금 저렇게 환경이 살아날 수 있었던 것은 자연의 복원력 덕분이에요. 이런데도 비무장 지대를 생태 천국이라고 과장하는 건 어폐가 있습니다. 그나마 우리가 비무장 지대의 생태 환경을 살리고자 한다면 제일 먼저 풀어야 할 단추가 비무장 지대에 대한 통제권입니다. 바로, 유엔사의 문제를 해결해야 해요. 이 문제에 대해서는 뒤에 좀 더 말씀을 드리도록 하지요.

철조망

여러분, 비무장 지대하면 가장 먼저 떠오르는 게 뭡니까? 아마도 남과 북을 가로막은 '철조망'이 아닐까요.

그런데 철조망은 지뢰처럼 정전 협정에 의하면 1953년 7월 30일까지 다 없애야 했어요. 실제로 전쟁이 끝난 직후에는 자기 부대 경계를 위해서 치는 철조망을 빼고는 비무장 지대에 철조망은 없었습니다. 지금 우리가 방송 등에서 보는 철조망은 나중에 설치된 거예요.

철조망은 세 단계를 거쳐 진화했는데요. 우리가 보통 자주 보는 가시철조망이 1단계이고요. 이건 집에서 울타리 칠 때 씁니다. 역사적으로 가장 먼저 발명되었지요. 철사를 꼬아서 가시를 만듭니다. 2단계로 개발된 게 '콘서티나'라고 하는 철조망이 있어요. 군인들이 훈련할 때 길에다가 치는 거 있죠? 둥그런 철조망을 펼쳤다가 훈련 끝나면 접고 갑니다. '콘서티나'는 체코슬로바키아의 손풍금 이름이에요. 그것처럼 접었다 폈다 한다고 해서 콘서티나 철조망이라고 이름이 붙었습니다. 3단계가 우리나라 비무장 지대에 있는 철조망입니

우리는 자연의 일부입니다

철조망.

다. 여기엔 '가시' 대신 '면도날'이 달려 있어요. 보통 가시철
조망은 스치면 옷이 찢기잖아요. 면도날 철조망은 살이 베어
져요. 이 철조망은 1967년 11월에 설치됩니다. 베트남전이
한창일 때였지요.

우리는 38도선을 기준으로 싸웠는데 베트남은 17도선으
로 갈라져서 양쪽이 싸웠습니다. 17도선 최전방에 콘티엔이
란 미군 기지가 있었는데 낮과 밤 상황이 바뀝니다. 낮에는
미군들이 월맹군을 물리치고 공세를 취하지만 밤이 되면 게

릴라들의 습격으로 수세에 몰립니다. 그래서 이걸 방어하려고 미군들이 무기적 개념으로 개발한 철조망을 칩니다. 기존의 것으로는 안 되겠다고 해서 와이Y자 모양으로 기둥을 세우고 옆면엔 펜스를 치고 위로는 원형 면도날 철조망을 설치했습니다. 한국의 비무장 지대에도 이와 똑같은 철조망이 동시에 설치된 겁니다.

그런데 두 달 뒤인 1968년 1월 21일에 유명한 김신조 사건이 일어납니다. 북한군이 휴전선을 넘어 청와대까지 진격해 들어와요. 이때 관통한 지역이 미군 1사단 관할이었던 문산입니다. 당시 다른 지역에는 철조망이 없었습니다. 그런데 굳이 새롭게 철조망을 둘러친 곳으로 침입했어요. 그들은 보란 듯이 뚫고 들어왔습니다. 그 철조망은 절단이 잘 안 되는 재질로 만들어서 일종의 방어 무기 개념으로 친 거예요. 그걸 보기 좋게 잘라서 벌려 가지고 그 틈으로 빠져 나와서 다시 오므려 티 안 나게 했습니다. 이 사건을 계기로 그해 비무장 지대 전역에 경계가 강화되고 철조망이 없던 지역까지 설치됩니다. 당시로서는 매우 고난도의 작업이었어요. 서부에서 동부까지 쭉 철조망 공사를 해야 하잖아요. 서부 지역에서 철원까지는 그나마 평지라서 수월합니다. 그런데 동부 전

우리는 자연의 일부입니다

선부터는 1000미터에 이르는 고지대가 이어지지요.

산악 지역에서 작업을 해야 하다 보니까 군인들이 죽을 맛이죠. 부대에서 철조망 메고 작업 도구까지 챙겨서 올라가야 했습니다. 가뜩이나 김신조 사건 때문에 제대까지 연기되는 등 불만이 쌓일 대로 쌓인 상태였어요. 어느 정도로 반발이 심했냐면, 고성 지역의 한 중대장이 '우리가 분단된 것도 서러운데 철조망까지 만들어서 민족의 심장에 아예 못을 박자는 것이냐'는 투서를 남기고 월북합니다. 없던 철책을 만들려니 무리가 뒤따른 거예요. 요즘은 비무장 지대 하면 철책이 자연스럽게 떠오르지만 1968년 이전까지는 안 그랬습니다. 사실 '비무장' 지대에 철조망을 설치한다는 것 자체가 모순이에요.

그런데 이 철조망을 치도록 작전 통제권을 행사하고 모든 물자를 제공하였으며, 심지어 부족한 물자는 오키나와 미군 기지에서까지 공수하여 충당한 것은 유엔 사령관인 찰스 본스틸이었습니다. 그런데 그는 1945년 30분 만에 지도에 38선을 그었다는 두 명의 대령 중 하나였습니다. 하나는 당시 국무장관 딘 러스크였죠. 그런 본스틸이 20여 년이 지나 이번엔 지도가 아닌 실제 시설물을 설치하여 분단 풍경을 완성한 것입니다. 그는 분단을 상징으로서뿐 아니라 실체로서 고착시킨 장본인입니다. 요즘은 철조망의 방어 기능이 더 강해졌어요. 경보기가 달려 있습니다. 절단하면 경보가 울려요. 상당히 고도화되어 있습니다. 그런데 이것도 뚫려요. 2012년도에 '노크 귀순'이라고 해서 북한군 한 명이 동부 전선의 철책을 뚫고 남한 통제 지역으로 건너옵니다. 당시 이 전자 철조망을 납품했던 삼성 컨소시엄 측이 난리가 났어요. 어쨌든 이렇게 고도화된 철조망이 있는 곳은 한국밖에 없습니다.

비행 금지 구역

민통선 지역이나 전방 지역을 다니다 보면 오렌지색 바탕에 숫자가 쓰여 있는 표지판들이 듬성듬성 나타납니다. 비행 월경 통제선을 표시하는 거예요. 이게 뭐냐 하면, 육로는 선이 보이잖아요. 가다가 철조망이 나타나면 딱 정지할 수 있어요. 그런데 하늘은 어때요? 비행기라면 아래로 철조망이 보이는 순간 이미 넘어가 버리죠. 그래서 군사 분계선으로부터 남쪽으로 약 9킬로미터 정도에 비행 월경 통제 표식을 세워 둔 거예요. 한 500미터 간격으로 설치해 놓습니다. 우리

우리는 자연의 일부입니다

는 보통 비무장 지대 하면 육지만 생각하잖아요. 하지만 하늘 길도 막혀 있습니다.

일전에 판문점에서 양국 정상이 만났습니다. 그때 문재인 대통령이 청와대를 출발해서 판문점까지 가는 과정을 방송사에서 헬기를 띄워서 찍었습니다. 자유로를 지나고 통일대교 앞까지 와요. 그런데 판문점이 코앞인 거기서 영상이 끊깁니다. 그러고 나서 한 10분쯤 뒤에 대통령이 판문점에서 악수하는 장면이 나오더군요. 바로 비행 금지 구역 때문입니다. 방송사 헬기가 더 이상 북쪽으로 올라가지 못한 거예요.

전방 지역에는 군부대에 헬기장이 있어요, 헬기가 뜨고 내리는 지점인데, 이때 다 통제를 받습니다. 원주와 성남에 있는 전방 항공 통제소의 지시를 받아야 해요. 최종적으로는 미군이 있는 오산 공군 기지의 승인이 떨어져야 헬기가 뜨고 날 수 있습니다. 이륙하다가 내려앉는 경우도 있는데 바로 승인이 떨어지지 않아서 그러는 거예요.

우리나라에 대표적인 비행 금지 구역이 세 군데 있습니다. 하나는 청와대 위 하늘이에요. 여기는 비행체가 지나갈 수 없습니다. 한때 대통령 별장으로 사용되었던 청남대도 그랬습니다. 그러다 노무현 전 대통령이 민간에 개방하면서 해

비행 월경 통제 표식.

제되었지요. 이들 지역은 그리 넓지 않아요. 특정 건물들이 위치한 곳이니까요. 거기만 피하면 됩니다. 그리고 세 번째가 바로 민통선 지역입니다. 정확히는 P518이라고 하는데요. 거의 민통선과 겹칩니다. 여기 전역이 비행 금지 구역이에요. 여기에서는 드론이나 경비행기를 띄울 수 없습니다. 군용 헬기도 허가를 받아야 하는 상황이에요. 그래서 방송사 헬기가 통일대교에서 더 이상 중계를 못 한 겁니다.

만약 판문점까지 항공로로 이동하려면 캠프 보니파스라

우리는 자연의 일부입니다

는 유엔사 경비대대 헬기장에서 미군 헬기로 갈아타야 합니다. 통일대교를 건너서 판문점까지 가는 길 중간에 있는 부대입니다. 여기서 미군이 준비해 놓은 헬기로 옮겨 타야 해요. 단 조종사도 미군 조종사여야만 합니다. 그리고 항공 통제사도 동석해야 해요. 다른 조종사들은 해당 지역 지형에 익숙하지 않잖아요. 이걸 항공 통제사가 통제하는 겁니다. 그래서 두 사람이 앉아 있는 상태가 되어야만 헬기를 띄울 수 있도록 규정되어 있어요. 거기에서 판문점까지 연결되는 길, 딱 그 길로만 공중으로 이동할 수 있습니다.

그런데 예전에 특이한 일이 하나 벌어져요. 탈북자 단체에서 대북 전단을 살포합니다. 풍선을 날려요. 북한을 자극하고 남북 간 긴장 관계를 형성한다며 평화 단체에서 당시 이명박, 박근혜 정부 때 계속 민원을 제기했지만 제재할 방법이 없다는 대답만 돌아왔습니다. 그런데 풍선은 비행체잖아요. 해당 지역은 비행 금지 구역이었고요. 유엔사에서 통제를 안 한 겁니다.

이 지역 상공이 얼마나 민감한지 예를 들어 말씀드리지요.

1994년에 그러니까 김영삼 정부 시절에 한반도가 위기에 휩싸인 적이 있습니다. 6월 달이었는데, 상황이 얼마나 심각했느냐면, 거의 전쟁 직전까지 갔어요. 군인들이 작전 대기 중이었다고 합니다. 당시 클린턴 미 대통령이 전쟁 시나리오에 서명을 하려다가 카터 전 대통령이 평양에 가서 북한이 협상할 용의가 있음을 알려 와 사태가 수습되었다고 합니다.

그때 참고한 게 미 국방성의 전쟁 시뮬레이션 결과였어요. 당시 국방정보국장DIA 제임스 클래퍼가 한국을 찾아옵니다. 실제 전쟁이 벌어지면 상황이 어떨지 직접 확인해 보고 싶었던 거예요. 비무장 지대를 관찰하기 위해서 헬기를 띄웁니다. 시찰을 하는데, 조종사가 지형이 익숙하지 않았던 모양이죠. 국장을 태운 헬기가 비행 금지 지역인 비무장 지대 한가운데 떠 있게 됩니다. 소위 '미확인 비행체' 신세가 된 거지요. 남북 양쪽에서 총탄이 날아들었습니다. 그런데 남쪽에서 쏜 총탄은 하나도 안 맞아요. 하지만 북한군의 총격에 거의 추락할 뻔합니다. 북쪽 경계 상태가 만만치 않구나 싶었겠죠. 그리고 이런 결과들이 종합되어 클린턴 대통령한테 보고서를 올리는데 미국이 영변 핵 시설을 폭파할 수는 있지만 대신 남쪽에 있는 미군 10만 정도가 희생될 수 있다고 예측합니다. 제아무리 초강대국 대통령이라고 해도 자국 군인이 그렇게 많이 희생된다는데 망설일 수밖에 없었겠지요.

우리는 자연의 일부입니다

제가 이 말씀을 드리는 이유는, 그만큼 아직도 비무장 지대는 팽팽한 위기 상황이다, 라는 것이에요. 당시 미 국방성 산하 국방정보국장이 통제선을 넘어가는 바람에 상당 기간 미군들의 비행이 싹 다 금지됩니다.

　비행 금지는 위도만 경계로 하는 것이 아니에요. 높낮이도 다 정해져 있습니다. 해발 182미터600피트까지는 회전익이라고 날개가 빙글빙글 돌아가는 비행체, 즉 헬기들이 사용합니다. 그보다 높은 공간은 날개가 고정된 고정익, 즉 전투기가 지나갈 수 있습니다. 한국군도 이용할 수 있어요. 하지만 평상시에 그럴 일이 있나요? 당연히 전쟁을 염두에 둔 것입니다. 만약 182미터 공역空域 위로 비행하게 되면 바로 오산 미 공군 기지에 있는 중앙 방공 통제소의 통제가 들어옵니다.

탄약고

　비무장 지대와 접경 지역은 그 이름과 달리 중무장화 되어 있습니다. 전방 지역 부대를 가보면 북쪽을 향해 무기들이 배치되어 있습니다. 북쪽을 겨냥한 탱크가 명령만 떨어지면 바로 발포 가능하게끔 배치되어 있고요. 이들 최전방 부대의 무기고나 탄약고를 보면 사진에서 보는 바와 같이 여러 표식

유엔사 경비대대 캠프 보니파스 탄약고.

이 있습니다.

　왼쪽에 쓰여 있는 숫자 1은 화재의 위험도를 표시한 거예요. 보통 불이 나면 소방관이 불을 <u>끄</u>죠. 그런데 만약 탄약고에 불이 나는 경우는 진화 작업이 무의미하거나 오히려 소방관만 피해를 볼 수 있습니다. 그래서 불<u>끄</u>기를 포기하도록 하는 표식입니다. 1~4까지 4개의 등급이 있는데요. 1과

우리는 자연의 일부입니다

2가 쓰인 표식이 부착된 탄약고는 진화를 포기하라는 의미입니다.

사진 중앙에 전신 화생방복을 입은 사람 표식이 있는데요. 이것은 화학적 위험도를 표시한 것입니다. 이 표식은 세 가지 색으로 위험도를 구분하는데요. 빨간색은 극치사성 신경가스를 표시합니다. 사린, 머스타드, 타분 가스 등이 포함됩니다. 1995년에 도쿄 지하철역에서 사린 가스 테러가 있었습니다. 옴진리교라는 종교 단체가 사린가스를 지하철역에 뿌려요. 이 테러로 13명이 숨지고 5000명가량의 부상자가 발생해요. 사린가스는 인체에 아주 치명적입니다. 빨간색은 바로 이런 극치사성 화학 무기들을 표시하는 거예요. 미군 기록에 보면 1972년에 오키나와 미군 기지에 보관돼 있던 사린가스 등을 죄다 수거해서 남태평양의 작은 산호섬인 존스톤환초로 이동시켜 폐기하기 시작합니다. 그 후 2000년 부시 정부 때 폐기를 완료해요. 그래서 지금 한국과 일본에는 빨간색 전신 방호복 표식이 그려진 데는 없어요.

아담사이트, 루이사이트, 포스겐 같은 신경가스는 노란색으로 표시됩니다. 1차 세계 대전 때부터 많이 사용했던 무기입니다. 이 역시 국제적으로 사용이 금지되어 있어요.

하얀색 표시도 있는데 그건 보통 백린탄을 뜻합니다. 화학 물질인 인磷에는 적린, 황린, 백린 등이 있습니다. 적린은 성냥 머리에 바른 빨간색 물질이에요. 냄새가 좀 난다뿐이지 치명적이지는 않습니다. 그런데 백린은 공기와 접촉하면 폭발합니다. 그래서 보통 실험실 같은 데서는 물속에 보관해요. 백린탄은 탄두에 백린을 넣은 겁니다. 보관 중일 때는 탄피 안에 있어 공기와 접촉하지 않으니까 위험하지는 않겠지요. 그런데 문제는 녹이 슬거나, 표면에 균열이 생길 때에요. 그렇게 해서 공기와 접촉하면 펑, 하고 폭발이 일어나는 거예요.

사진 오른쪽에 있는 물을 붓는 물통 위에 금지 표시를 그린 표식도 화학 위험도 표식입니다. 물이 닿으면 안 되는 물질이 있다는 뜻입니다. 우리가 보통 불은 물로 끄잖아요. 그런데 이 표식이 있는 벙커에 불이 났다, 그러면 절대 물을 쓰면 안 됩니다. 마그네슘, 나트륨 같은 물질이 포함된 탄약이 있는데 이들 물질은 물과 접촉하면 폭발합니다. 그래서 이때는 물이 아닌 분말제로 불을 꺼야 해요.

우리나라는 김영삼 정부 때 국제 화학 무기 금지협약에 가입합니다. 그래서 거기서 쓰지 말라는 화학 무기는 폐기해야 해요. 그런데 보니까 전방에 있는 군부대 탄약고에 노란색 전신 방호복 표식이 여전히 붙어 있는 거예요.

제가 2004년도 무렵에 유엔사 초청으로 판문점 취재를 갔어요. 앞에 나온 사진이 당시 유엔사 경비대대 캠프 보니파스 탄약고에 있는 표식을 찍은 겁니다. 그때 저 말고도 20명 정도의 기자가 있었는데요. 유엔사 허락을 받고 이걸 언론에 내보냈어요. 그때 발칵 뒤집혔습니다. 왜냐하면 2003년에 미국이 이라크를 침공하잖아요. 그때 명분이 대량 살상 무기, 불법 화학 무기가 있다는 이유였습니다. 나중에 보니까 사실이 아닌 걸로 드러나죠. 그런데 정작 미군이 관리하는 지역에 불법 화학 무기의 보관 표식이 있는 거예요. 그래서 유엔사에서 저한테 장문의 반박문을 보내고 저는 또 이걸 재반박하고 그랬습니다. 미군들이 치밀하게 대응했고 당시 언론에도 잘 공개가 안 되었어요. 그 이후에도 이 탄약고에는 이 표식이 계속 부착되어 있었습니다.

38선 이북 지역의 주권

우리나라 지도를 보면 군사 분계선이 있고 38선이 있습니다. 비슷한 위치지만 조금 다르지요. 한국 전쟁 이전에는 38선을 두고 남북이 대치하고 있었어요. 그러다 전쟁이 시작되고 휴전이 되자 군사 분계선이 그어집니다. 38선과 비교해 보면 동쪽은 위로 조금 올라가고 서쪽은 아래로 조금 내려왔지요. 뺏고 빼앗다 38선과 비슷해진 셈인데요, 우리가 회복한 38선 이북 지역에 문제가 하나 생깁니다. 정전 협정이 체결된 지 9개월 후인 1954년 4월 26일 스위스 제네바에서 평화 회의*가 열렸는데 한반도 평화협정에 대한 논의는커녕 안건도 상정하지 못했습니다. 그러자 이승만 정부는 전쟁 후 수복된 38선 이북 지역에 대한 주권을 두고 미국과 협상을 합니다.

38선 이북 지역의 주권 문제라니요? 우선 이에 대한 문제를 알려면 한국 전쟁 때로 시간을 거슬러 올라가야 합니다.

1950년 6월 25일 한국 전쟁이 발발하고 계속 남쪽으로 밀리다가 9월 15일 인천 상륙 작전으로 전세가 역전되지요. 한국군은 10월 1일 처음으로 38선 이북으로 올라갑니다. 이날

---

*

1954년 4월 26일부터 7월 20일까지 스위스 제네바에서 열린 회담. 미국, 영국, 소련, 중국, 프랑스 등이 참여하였으며 두 개의 안건이 논의되었다. 첫째는 한국 전쟁을 공식 종료하는 한반도 평화 협정, 둘째는 베트남의 분단과 관련한 협약 도출이었다.

우리는 자연의 일부입니다

을 기념해서 '국군의 날'이 생긴 거예요. 그런데 1950년 6월 25일 미국 뉴욕에서 열린 유엔 안전 보장 이사회_{안보리}의 결의는 38선 이남에 대한 북한군의 무력 공격을 격퇴한다는 내용만 있지 38선 이북으로 북진한다는 결의는 없었어요. 북한군이 38선 이북으로 물러가면서 6월 25일 안보리 결의는 효력이 끝납니다. 그런데 미군의 지휘를 받던 국군이 38선을 넘어갑니다. 그래서 문제가 생기죠. 안보리 결의를 위반하게 된 것이지요. 영국이 이에 대해 거세게 반발하고 비판합니다. 그러자 같은 해 10월 7일에 유엔 총회에서 하나의 결의안이 통과됩니다.

이때 38선 이북으로 북진하라는 결의는 나오지 않아요. 대신에 만약, 38선 이북을 점령하면 여기를 누가 통치할 것인가를 두고 논의해요. 이 문제에 대해서 이승만 대통령은 당연히 대한민국 헌법에 의거해서 우리가 통치해야 한다고 주장합니다. 지금도 마찬가지지만 당시 제헌 헌법에 따르면 대한민국 영토는 '한반도와 그 부속 도서'잖아요. 한반도면 북한을 포함하는 개념이지요. 그러니까 이걸 근거로 이승만이 38선 이북 지역은 원래 헌법상 우리 영토이고 따라서 잃어버렸던 땅을 되찾는 것이니 당연히 자신이 그 지역의 총독이 되어야 한다고 주장해요.

그런데 1948년 12월 12일 유엔 총회 결의에서는 대한민국 정부는 남한, 즉 38선 이남에 대해서만 합법 정부라고 되어 있었던 겁니다. 유엔 총회에서는 38선 이북 지역에 대한 남한 정부의 통치적 합법성을 결정한 적이 없다, 그래서 결론은 주인 없는 땅이니 점령한 자가 통치의 주체가 된다고 해석합니다.

그런데 그 땅을 누가 점령합니까? 한국군이 아니라 유엔군 사령부이죠. 따라서 유엔 사령관이 38선 이북 지역의 점령 통치의 주체가 됩니다. 당시 사령관인 맥아더가 총독이 되는 것으로 결정한 게 1950년 10월 7일 유엔 총회 결의와 10월 12일 유엔한국통일부흥위원회 임시위원회 내부 결정이에요.

그래서 스위스 제네바에서의 평화회의가 종료된 1954년 6월 15일 한국 정부와 16개 참전군을 이끄는 미국 정부 사이에 이 38선 이북 지역에 대한 주권 협상이 시작됩니다. 5개월 후인 11월 17일 최종 결정이 어떻게 나느냐 하면 남한 정부에 주권은 줄 수 없고 대신 행정권만 이양하겠다, 이래요. 공식적인 결정 내용이 그렇습니다.

우리는 자연의 일부입니다

보통 한 나라의 권력이라고 하면 입법, 사법, 행정이 이렇게 나누어지잖아요. 그런데 입법과 사법은 빠지고 행정권만 이양을 받은 거예요. 이후 강원도의 38선 이북 지역 주민들은 선거를 못 했습니다. 입법권이 없기 때문입니다. 사법권도 그렇습니다. 이 지역은 행정권 이양 전에는 강원도 도지사가 대법관 역할을 대행했어요. 그런데 다른 도지사와 달리 강원도 지사는 유엔사령관이 지명했어요. 행정권 이양 후에는 바뀌었지만 사법권이 완전히 회복되진 않았습니다. 그러니까 이렇게 입법권과 사법권 모두 완전하게 행사되지 못했던 거예요. 그러다가 1960년 국회에서 법을 바꿔 선거를 하게 되지요. 하지만 유엔사령부가 한국 정부에게 주권을 완전하게 넘겼다는 공식적인 문서는 아직 확인이 안 되고 있어요.

그러면 이제 사진으로 그 흔적을 한번 돌아보겠습니다.

강원도 인제로 넘어가는 길에 38선 휴게소가 있습니다. 거기 보면 38선 표식이 있어요. 아마 다른 접경 지역에서도 볼 수 있을 텐데요, 저 표식을 보면 사람들은 어떤 생각을 할까요? 저기를 넘어가면서 우리는 주권의 문제에 대해서는 잘 생각하지 않아요. 평상시에 왔다 갔다 할 때는 아무 문제가 없기도 하고요. 그래서 사람들이 체감을 못 합니다.

38휴게소.

매그루더 장군 송덕비.

우리는 자연의 일부입니다

강원도 철원에 있는 승일공원에 송덕비가 하나 있습니다. 커다란 돌에 '마그루드(매그루더) 장군 송덕비'라고 쓰여 있어요. 아래에 해당 내용이 빼곡히 적혀 있습니다. 이 사람이 누구냐 하면 한국 전쟁 당시 강원도 지역의 미국 군단을 책임지고 있던 사령관이었어요. 휴전이 되고 나서는 그 지역을 관할했지요. 그러면서 마을에 학교도 지어 주고 생활필수품도 대주고 그랬던 모양입니다. 그래서 1954년 4월 12일 철원 군수 이름으로 이 비석을 세웁니다. 송덕비라는 이름 뒤에 치열한 주권 논쟁이 있었습니다. 참고로 매그루더 B. Magruder는 박정희가 쿠데타로 정권을 잡았을 당시 유엔 사령관으로 부임해 있었습니다.

비무장 지대의 주권

여러분, 비무장 지대에도 사람이 살고 있습니다. 대성동에 있는 '자유의 마을'이 그곳이에요. 이 마을은 1967년까지 선거가 이루어지지 않았습니다. 사법권도 없어서 범죄가 일어나도 대한민국 경찰이 수사를 못 합니다. 아예 그 지역으로 들어가지를 못 해요. JSA와 같은 규정이 적용되는 대성동 마을은 2012년 유엔사 규정 개정 이전에는 유엔사가 범죄자를 마을에서 추방한 뒤에야, DMZ 밖에서 경찰이 체포할 수 있었습니다. 주권이 제약되는 대성동 마을에 대해 미국의 인식을 잘 드러내 주는 문서가 있습니다. 유엔사의 「대성동 민사행정규정」에는 대성동을 '유엔사가 설립했다'고 명시되어 있는 것입니다.

대성동이 이 정도니 판문점이나 비무장 지대의 다른 지역은 말할 것도 없겠지요. 여러분 김훈 중위 사건 혹시 아시나요? 1998년 2월 24일 판문점 벙커에서 근무하던 김훈 중위가 시신으로 발견된 사건입니다. 당국에서는 권총 자살로 발표했지만 수많은 의문이 제기되었지요. 이분은 군인 집안 출신이에요. 아버지가 장군 출신입니다. 자살이 아니라는 여러 가지 증거를 제시했음에도 불구하고 끝내 진실이 밝혀지지 않습니다. 이렇게 된 데에는 초동 수사가 미흡했다는 지적이 있어요. 그런데 이는 우리나라 경찰이 무능력해서가 아닙니다. 유엔사가 출입 자체를 막으니 방법이 없는 거예요. 나중에 비판 여론이 커지자 그때서야 유엔사는 출입을 허가합니다. 그래서 경찰관이 들어가서 보니까, 시신이 있던 자리에

페인트로 윤곽만 그려져 있고 나머지 증거들은 사라진 상태였어요. 심지어 주변이 깨끗이 청소가 되어 있었습니다. 수사해야 할 증거가 거의 다 인멸된 상태였던 거예요. 시작이 이렇다 보니 지금껏 풀리지 않은 미제 사건이 된 겁니다.

우리 땅인데도 불구하고 행정적, 입법적, 사법적 권한이 제대로 행사되고 있지 않아서 생긴 비극입니다. 이러한 문제는 지금도 현재 진행형이에요.

여러분, 얼마 전에 남북 정상 간에 합의가 되어 철도 연결

사업을 하기로 했죠. 그래서 공동으로 선로 상황 점검을 하려는데 유엔사에서 막았어요. 한겨레신문에서 특종으로 보도했습니다.* 사람들이 의아해했어요. 아니, 우리 땅에서 우리 정부가 남북 협력 사업을 추진하는데 왜 그걸 못 하게 하느냐 말이지요. 우리의 주권이 미치지 못하는 영역이 존재한다는 사실이 극명하게 드러난 겁니다.

2007년 10월 2일 노무현 전 대통령이 군사 분계선을 넘어 도보로 북한 땅을 밟았습니다. 많은 분들이 이때를 기억하실 텐데요. 그 과정을 보면 참으로 씁쓸한 마음을 감출 수가 없습니다.

당시 대통령의 행적을 유엔사에서 감시를 했습니다. 대통령 일행이 비무장 남측 지역을 통과해서 군사 분계선 앞에 다다랐을 때 청와대 안보수석이 국방부에 연락을 해요. 국방부는 다시 유엔사에 연락을 해야 해요. 그러면 용산에 있던 유엔사 본부에서 도라산 상황실에 있는 남북 관리 구역 통제반의 유엔사 소속 대원들한테 최종적으로 확인합니다. 도라산은 경의선이 지나가는 지역에서 가장 높은 산이지요. 그 산에서 대통령 일행을 망원경으로 감시하고 있었어요. 특별한 이상이 없다고 하면 허가가 나죠. 그러면 다시 역순으

*
'남북 철도 공동 점검, 유엔사가 불허…주권 침해 논란' 한겨레신문 2018년 8월 30일자.

우리는 자연의 일부입니다

로 연락이 갑니다. 도라산 남북 관리 구역 통제반에서 유엔사로, 국방부로, 청와대 안보수석에게로 이 사실이 전달되지요. '대통령님 넘어가셔도 된답니다.' 그렇게 해서 노무현 전 대통령이 노란 선을 넘어갈 수 있었던 겁니다.

판문점에서 문재인 대통령이 김정은 위원장과 만났을 때도 마찬가지입니다. 이런 식으로 승인이 나야 가능해요. 국민적 관심이 높은 사안이라 유엔사가 어깃장을 놓기 어렵겠지만, 불가능하지는 않아요. 예를 들어 '안전상의 문제가 있습니다. 잠시 대기해 주십시오.' 하면 제아무리 대통령이라도 못 갑니다. 한두 시간 대기하다가 하루가 지나가고 그러면서 행사가 취소될 수도 있어요. 비무장 지대는 여전히 우리의 주권이 미치지 못합니다.

2000년 6월 15일에 역사적인 남북 간 합의가 있었지요. 김대중 전 대통령과 김정일 위원장 사이에 6·15 남북 공동 선언이 있었습니다. 이에 따라 남북 간의 철도를 놓기로 했어요. 그래서 경의선-동해선 연결 공사가 시작됐죠. 그러다 난관에 봉착합니다. 유엔사에서 허가를 안 해준 겁니다. 당시 미국과 계속 통화하고 설득해서 간신히 허가를 얻어 냈습니다. 철길이 지나가는 구역만 한국에 권한을 넘겨달라고 해서 인수를 받아요. 그렇게 해서 11월 17일 유엔사와 북한군 간 남북관리구역 합의서가 채택됩니다. 이 합의서의 핵심은 경의선의 비무장 지대 남측 구간에 대해서만큼은 한국군에게 통제 권한을 이양하는 것이었습니다. 그래서 지뢰 제거 공사를 시작합니다.

그렇게 2년 뒤에 남쪽 구역 지뢰 제거가 다 끝나요. 그런데 보니까 북한 쪽은 지뢰 제거 공사가 안 되어 있어요. 숲이 그대로 남아 있었습니다. 그래서 우리 쪽이 왜 여태 지뢰를 제거하지 않았느냐고 물었습니다. 돌아오는 답이 자기들은 지뢰 매설 지도가 있어서 일주일이면 끝난대요. 그러더니 정말 순식간에 작업을 해치웁니다. 우리와는 사정이 달랐던 겁니다. 남쪽은 미군이 전쟁 때 지뢰를 마구 매설하는 통에 정확한 위치를 알 수 없었어요. 그래서 숲을 다 헤치고 땅을 뒤집어엎듯이 무작위로 제거해야 했습니다. 시간과 노력이 많이 들었지요.

어쨌든 그렇게 지뢰 제거 공사가 끝나고 2002년에 드디어 지뢰 제거 상호 검증단을 파견하자, 그렇게 서로 지뢰가 잘 제거되었는지 확인하자고 합의합니다. 그런데 이때 유엔사가 자기들의 허가를 받으라고 요구합니다. 우리는 남북 관리

구역 합의서가 있으니까 당연히 왕래가 가능할 거로 해석했는데 유엔사는 관리권이야 남한 정부에 있지만 관할권은 여전히 자기들에게 있다고 주장해요. 유엔사가 말하는 관할권은 우리가 주장하는 주권입니다.

엄밀하게 따지면 관리권은 해당 지역에 대한 통치권이 아닙니다. 이용만 할 수 있는 거예요. 예컨대 집으로 치면 전세를 사는 거죠. 소유권은 집주인이 가집니다. 지금 비무장 지대가 이런 상태예요.

그래서 이 부분을 명확히 하지 않으면 앞으로도 걸림돌이 생길 수 있어요. 관할권 혹은 주권을 넘겨받아야 합니다. 그래야 비무장 지대를 평화적으로 이용하고 생태를 보존하자는 노력이 현실화될 수 있어요. 그러지 않고서는 아무것도 진척될 수 없습니다.

전체와 순서

헤겔은『정신 현상학』에서 '전체가 주체다'라고 말합니다. 비무장 지대를 바라보는 데도 이는 유효한 말이라고 생각합니다. 부분과 차이와 다양성도 소중하지만 전체와 연관된 일관성을 토대로 할 때 의미를 부여받고 실현 가능한 현실이 될 수 있습니다. 씨앗이 꽃이 되고, 꽃이 열매가 되는 과정 전체에서 꽃을 봐야 꽃의 상이한 측면, 대립되고 모순된 측면을 모두 볼 수 있습니다. 그리고 그들 모순이 심화되거나 해소되거나 하여 열매가 되는 결과를 예측하고 그 실현을 준비할 수 있습니다. 비무장 지대 역시 역사와 구조와 기능을 전체로 봐야 합니다. 생태 보존적 기능이 어떤 역사와 구조의 원인인지 결과인지, 필연인지 우연인지, 본질인지 현상인지를 구분해 볼 수 있어야 할 것입니다. 각 문제의 지위와 역할을 전체 속에서 바라볼 수 있어야 합니다. 그리하여 비록 의도하지 않은 우연한 현상이라도 필연으로 만들 수 있는 방법을 찾을 수 있을 것입니다.

꽃이 열매가 되는 결정적 계기가 있듯이 비무장 지대가 중무장 지대에서 비무장 지대로, 비무장 지대에서 평화 지대로 나아가는 결정적 계기가 있습니다. 지배 문제의 해결입니다. 비무장 지대는 역사적으로 정전에 기인하고 있으며 구조적으로는 북한군과 유엔사의 군사 통제, 관할권의 지배하에 있습니다. 북측 비무장 지대는 북한군의 통제권과 주권이 일치하지만 남측 비무장 지대는 유엔사의 통제권과 한국의 주권이 일치하지 않습니다. 그리하여 한국 국민들의 상상력과 실천을 위한 노력이 번번이 좌절됩니다. 그리고 의도하지 않은 철조망의 건설, 고엽제의 살포, 지뢰 매설 등 부작용이 발생하고 오랜 기간에 걸쳐 내재화되었습니다. 유엔사로부터 주권의 회복이 전제되어야 남북 분단 문제의 해결 가능성이 열립니다. 유엔사로부터 우선 정전 관리 업무를 이양받아야 2018년 남북의 군사적 긴장 상태를 완화하고 신뢰를 구축하기 위해 맺은 9·19 남북 군사 합의의 주체가 될 수 있고 그래야 중무장 지대를 비무장 지대로 만드는 단계에 들어갈 수 있습니다. 그다음으로는 유엔사가 해체되어야 비무장 지대를 평화 지대로 만드는 단계에 진입할 수 있습니다.

『예기』에는 다음과 같은 말이 있습니다. "일이 순서를 얻으면 그것을 예禮라 한다." 리理가 겉으로 드러난 것이 예이니 예는 리의 완성입니다. 일 잘하는 사람에게 일머리가 있다는 것은 일의 순서를 안다는 이야기입니다. 리가 전체로서의 진리라면 그 전체로서의 진리가 드러나게 하는 것이 '순서'입니다. 비무장 지대에 대한 구상이 본격화된 1990년대 이래 모든 구상이 좌절된 것은 뒤에 할 일을 앞에 끌어와

하려고 했기 때문입니다. 2013년 제안된 비무장 지대 세계 평화 공원 구상은 시작도 못 해봤고, 2018년의 9·19 남북 군사 합의는 유엔사가 존속하는 상황에서 우리가 해볼 수 있는 노력의 거의 마지막이었지만 유엔사가 개입하자 순식간에 무산되었습니다.

따라서 각 방면에서의 다양한 노력을 하나의 점으로 집중하는 우선순위의 설정을 고민할 때가 되었습니다. 우리는 많은 상상을 해왔고 많은 실천을 했으며 많은 경험을 축적해 왔습니다. 꽃이 열매가 되듯, 알이 새가 되듯, 꿈을 현실로 만들기 위해 순서를 바로 세울 때입니다.

5강

우리는 자연의
일부입니다
- 풀꽃상 이야기

정상명
화가/ '풀꽃세상' 창립자

정상명 화가/ '풀꽃세상' 창립자

～～～～～～～～～～

화가·환경 운동가. 환경 단체 '풀꽃세상' 창립 후
8회에 걸쳐 '풀꽃상'을 선정했다.
'풀꽃세상'이 실현되지 않을 줄 알면서도
그 실현을 위해 노력하는 것,
그 수밖에 없다고 생각한다.
4회의 개인전,『꽃잎 뒤에 숨은 사람』,
『꽃짐』 등의 수필집을 펴냈다.

여러분, 안녕하세요. 저는 작가 최성각 선생님과 함께 '풀꽃세상'을 만든 화가 정상명입니다. 올해가 풀꽃세상 20주년이 되는 해입니다. 저는 1999년부터 2003년까지 풀꽃세상 초창기에 일을 했었어요. 당시 제 나이가 쉰이었는데 오늘 이렇게 일흔이 되어 다시 이 자리에 서니 감회가 새롭습니다. 오늘 제가 여러분과 나눌 이야기는 '풀꽃상 이야기'입니다.

풀꽃세상에서는 '풀꽃상'을 제정해서 상을 드려 왔습니다. 다른 환경 단체들이 수여하는 상과는 달리, 풀꽃상은 사람이 아닌 동식물이나 사물들에게 드립니다. 예를 들어 첫 번째 풀꽃상은 비오리라는 예쁜 이름을 가진 새에게 드렸고요, 두 번째 상은 보길도의 갯돌에게 드렸습니다. 이밖에도 꽃, 지렁이, 억새, 자전거, 비무장 지대 등등에게 상을 드렸습니다. 그렇게 17회까지 가다가 최근 4년 동안은 풀꽃상을 드리지 못했어요. 제가 지금 계속 '준다'라고 말하지 않고 꼬박꼬박 '드린다'는 표현을 쓰는데 그렇게 말하는 까닭은 자연에 대한 존경심을 회복하려고 애쓰는 풀꽃세상의 생각을 그 단어가 잘 표현해 주기 때문입니다.

풀꽃세상은 풀꽃상을 통해서 우리가 사는 사회에 발언을 하는 단체입니다. 한 해 동안 환경적으로 가장 심각하고 중요한 일이 어떤 일이었는지를 풀꽃상을 통해서 되짚어 보자는 것이지요.

다시 보는 풀꽃상

얼마 전, 강연 청탁을 받고 잠시 생각에 잠기게 되었습니다. 풀꽃세상 탄생 이후, 어느덧 20년이라는 긴 세월이 흘렀는데 이제 와서 굳이 풀꽃상 이야기를 다시 해야만 할까? 하고요. 이 강연은 그저 20주년을 기념하기 위한 단순한 의미일까? 만약 이 주제로 얘기해야만 한다면 왜 해야 하는가?

우리는 자연의 일부입니다

그러다가 드는 생각이 지금도 여전히 풀꽃상은 의미가 있다는 결론을 내리게 되었습니다. 20년 전인 1999년도에 저희가 풀꽃상을 시작할 때만 해도 사람들의 환경에 대한 관심이 높지 않았습니다. 그때에는 지구 온난화니, 기후 변화, 다이옥신 같은 용어들이 널리 사용되던 환경 용어들은 아니었어요. 지금은 어떤가요? 매일 그런 재앙의 말들을 뉴스에서 접하잖아요. 그만큼 환경에 대한 관심이 높아졌다고 볼 수 있지요. 그런데 과연 그만큼 세상은 좋아졌을까요? 그렇지 않죠. 20년 전보다 매우! 훨씬 더! 나빠졌습니다. 그러니 풀꽃상은 여전히 유효하다고 생각해요. 그렇다면 오늘 이 자리에서 풀꽃세상 창립자로서 풀꽃상을 통해서 말하고자 했던 것이 무엇이었는지 여러분과 이야기를 나눠 보는 것도 의미가 있겠다 싶었습니다. 다시 한 번 풀꽃세상과 풀꽃상 이야기를 해보자. 그러다 보면 여전히 우리 가슴에 살아 꿈틀거리고 있는 변치 않는 희망, 불가능하지만 우리를 멈추지 않게 하는 좋은 세상에 대한 꿈, 그런 중요한 무언가를 만날 수 있지 않을까 하는 생각을 했습니다.

풀꽃상은 탄생 배경이 특별해서 처음부터 주목을 받았습니다. 당시 저는 개인적인 이유로 환경 운동에 뛰어들게 되었습니다. 느닷없이 일어난 사고로 큰딸을 잃었지요. 저는 사고 현장에서 제 곁을 떠나가는 딸아이에게 제 남은 생을 다 걸고 약속했습니다. 이 세상이 지금보다 조금이라도 나아지게 만드는 데 제 생을 바치겠다고 맹세했습니다.

　나는 과연 무슨 일을 할 수 있을까? 어떤 일을 해야 큰딸과의 약속을 지키게 될까? 일의 성격상 저 혼자 할 수 있는 일이 아니라는 것을 안 저는, 제가 평소 누구보다도 신뢰하는 최성각 선생님께 상의했습니다. 최성각 선생님은 인간적으로도 의리 있는 믿음의 분이시지만 당시에 벌써 상계 소각장 건설 반대 운동 같은 환경 문제 해결에 뛰어들어 행동으로 글로 현실 참여를 하시던 작가였습니다. 그가 환경 운동을 제안했습니다. "21세기는 생명의 시대입니다. 환경 문제가 화급합니다." 그러면서 20세기가 인간들끼리의 잦은 전쟁과 참화로 인해 평화의 시대를 꿈꾸었다면, 이제는 우리 인간 활동으로 인해 이 행성에 살고 있는 모든 생명체들의 존속이 위기에 처하게 되었다, 따라서 21세기는 모든 생명의 평화가 보장되어야 하는 생명 평화의 시대다, 그런 말씀을 하셨습니다. 사실 제 주변에는 그분뿐 아니라 일찍 세상을 떠난 생태학자 문순홍 박사 등, 주변에 이미 환경 운동을 하는 친

구들이 있어서 환경 운동, 생명 운동의 세계가 제게 아주 낯설지는 않았습니다. 최성각 선생님의 말씀을 듣고 보니 환경운동이란 결국 생명 운동이었습니다. 그러니 제가 왜 이 일을 안 할까요. 금방 자식을 잃은 어미가 할 수 있는 가장 의미 있는 일이 바로 환경 운동이었습니다. 그렇게 해서 저는 전에 제가 해왔던 일과 전혀 연결이 되지 않는 새로운 세계, 환경 운동판에 들어와 환경 운동을 시작하게 됐습니다.

그렇다면, 이제 어떻게 운동을 전개할 것인가. 고심하다가 후에 어느 매체로부터 '한국에서 가장 오염되지 않은 상'이라는 평가를 받은 풀꽃상을 만들었습니다. 풀꽃은 세상을 떠난 제 딸애의 이름입니다.

새

첫 풀꽃상을 무엇으로 정할까?

당시 정부는 강원도에 있는 동강에 댐 건설을 한다, 해서 말들이 많았습니다. 아름다운 동강에 굳이 꼭 짓지 않아도 될 댐을 짓겠다 해서 소동이 일어난 것이지요. 그즈음 KBS TV 자연다큐멘터리 팀이 2년여 촬영했던 '동강'의 아름답고 놀라운 생태계가 생생하게 방송되었습니다. 특히 동강 다큐에는 다섯 마리의 새끼를 낳고 키우며 살아가는 비오리 가족 이야기가 감동적으로 담겨 있었습니다. 그런데 댐이 건설되면 이들의 서식지가 사라질 위기에 처합니다. 비오리는 원래 철새였지만 시베리아에서 날아와서 살다가 아예 텃새로 자리를 잡은 새라고 합니다. 즉, 이리저리 옮겨 다니는 새가 아니라는 거예요. 댐이 건설되면 이 비오리 가족은 어디로 가야 할까요? 저희는 이 문제가 비단 동강의 문제만이 아니라고 생각했습니다. 그 다큐를 보고 천혜의 자연환경이 댐 건설로 망가지는 걸 많은 사람들이 안타까워하게 됐지요. 저희들도 댐이 건설되면 일어날 문제를 잘 알고 있었습니다. 동강을 살리자! 풀꽃상을 통해서 동강을 살리는 일에 힘을 보태자! 그래서 동강의 비오리에게 상을 드리기로 결정했지요. 본상을 '비오리'에게 드리고 부상을 'KBS 자연 다큐멘터리팀'에게 드렸습니다. 저희가 부유한 단체가 아니고 소박한 단체이기에 상금이나 상품을 드리지는 못했어요. 정성껏 만든 상장 하나만 드렸습니다.

사회가 달라지기 위해서 머리띠를 두르고 목청을 높여 반대 시위를 하는 방법도 있지만 이렇게 조용히, 그리고 부드럽게 사람들 마음속으로 들어가 '환경 문제가 곧 나 자신의

우리는 자연의 일부입니다

문제'임을 알리는 풀꽃세상만의 새로운 운동 방식은 사람들에게 신선하게 다가갔습니다.

많은 분들이 동강의 비오리를 살려야겠다며 풀꽃세상에 힘을 보태주었지요. 비오리 때문에 덩달아 저희 풀꽃세상도 사람들의 사랑을 받게 되었습니다. 그게 1999년 3월의 일입니다.

돌

제2회 풀꽃상이 이어졌습니다. 열정이 넘치던 시절이었지요. 이번에는 보길도에 있는 '갯돌'에게 드렸어요. 바닷가에 있는 까맣고 작은 돌이에요. 보길도 갯돌에 대한 풀꽃상은 '자연물에 대한 탐심을 막아 보자'는 의미가 담겨 있습니다. 파도가 치면 수만 개의 갯돌이 서로 부딪히며 아름다운 소리를 냅니다. 그런데 이 돌이 무척 예쁘거든요. 사람들이 놀러 왔다가 하나둘 주머니에 넣고 갑니다. 그리곤 집에 가서 화분이나 어항 같은 데 담아 놓아요.

제가 기억하기로, 그즈음 한 해에 보길도를 찾는 사람들이 30만 명에 달했습니다. 이분들이 한 개씩만 넣어가도 30만 개가 순식간에 없어지는 거예요. 그 마음을 모르는 것은 아닙니다만, 모든 자연물은 제자리에 있을 때 가장 아름답지 않겠어요? 그래서 '보길도 갯돌'에게 본상을, 부상은 갯돌을 지키려고 애써 온 '보길도 주민들'에게 드렸습니다. 1999년 5월이었어요.

풀

세 번째 상은 '가을 억새'에게 드렸습니다. 우리나라는 사계 모두 아름답지만 가을의 정취가 특히 그렇습니다. 가을은 우리를 조용하게 하고, 때로는 심란하게, 때로는 슬프게 합니다. 때로는 유한한 삶에 대해 깊은 생각에 젖게도 합니다. 억새는 우리 가을을 대표하는 풀입니다. 밭둑이나 산모퉁이에서 은빛 억새가 가을바람에 흔들리는 것을 보면 아름답기도 하지만 갑자기 쓸쓸해지면서 아득해지기도 하지요. 당시 강원도 정선에 있는 민둥산에서 가을 억새 축제가 있었어요. 지금은 엄청나게 많은 사람들이 찾지만 그때만 해도 사람들이 잘 모르는 소박한 축제였습니다. 민둥산은 산 전체가 억새예요. 억새야말로 풀꽃세상의 정신과 딱 맞습니다. 풀 한 포기나 사람이나 그 존재의 무게는 같다. 더 중요하고 덜 중요한 것은 없다. 세상에 존재하는 모든 것들은 다 아름답고

우리는 자연의 일부입니다

존귀하다. 그게 풀꽃세상의 생각이거든요. 우리는 지체하지 않고 3회 풀꽃상을 '가을 억새'에게 드렸습니다. 부상은 억새 잔치를 벌이는 '정선군 남면 사람들'에게 드렸지요. 상패에 쓰인 내용을 읽어 드릴게요.

억새는 맑은 가을날 희게 흔들리면서
우리의 마음을 하늘 높이 들어 올립니다.
해마다 어김없이
이 땅의 산과 들에 아름다운 가을빛을 뿌려온 억새에게
우리는 제3회 풀꽃상을 드립니다.
우리는 억새 한 포기보다 더 중요하지 않습니다.

-1999년 10월 16일

상패는 민둥산 꼭대기 억새풀 사이에 세웠습니다. 사람들은 민둥산 밑에서부터 쭉 억새 길을 따라서 올라갑니다. 끝없이 펼쳐진 억새밭을 지나고 산 정상에 도착했을 때 마침내 눈앞에 세워진 상패 내용을 읽게 됩니다. 저희들은 생각했지요. 아마도 산길을 다시 걸어 내려갈 때 사람들은 생각하지 않을까? 우리는 억새처럼 이리저리 흔들리며 살아가긴 하지만 무엇이 좋은 건지 무엇이 옳은 건지는 판단할 수 있는 존재이기에 자연에 대해 그동안 가져왔던 거친 생각들을 수정할 수 있는 무언가를 조금이라도 느끼지 않을까? 민둥산 꼭대기 은빛 억새 풀밭에 풀꽃세상의 작은 소망을 그렇게 세웠습니다.

골목길

제4회 풀꽃상은 '인사동 골목길'에게 드렸습니다.

지금은 돌아가셨지만 '고서점 통문관 주인인 이겸로 옹'에게 부상을 드렸고요. 그때 메시지는 '골목길은 메마른 땅에 흐르는 개울과 같습니다'였지요. 지금은 골목길이 많이 사라졌잖아요. 사람들은 큰길을 좋아하죠. 큰길은 속도를 내기에 좋은 길입니다. 앞만 보고 달리는 그 길에는 여유도 없고 고민과 사색도 없습니다. 반면에 골목길은 어때요? 느림의 미학이 있지요. 편한 차림으로 걸어 나와 이곳저곳 어슬렁거립니다. 흥얼흥얼 콧노래를 부르면서 담벼락에 있는 낙서도 좀 보고 사람들이 심어 놓은 분꽃이나 채송화, 금잔화 같은 꽃들도 구경합니다. 옛 추억을 떠올리며 에잇, 뒹굴고 있는 신문지 조각도 이유 없이 한번 휙 차 보고 가게에 들러 먹을거리를 사 오는, 그런 여유가 있잖아요. 여러분은 어떠신지 모르지만 저는 골목길을 좋아해요. 그런 길을 걸으면 행복한 마음이 듭니다. 속도가 지배하는 큰길의 끝에는 무엇이 기다리고 있을지 한 번쯤 생각해 보자는 의미에서 인사동 골목길에 상을 드렸던 것이지요.

백합조개

그다음 제5회 풀꽃상은 '새만금 갯벌에 사는 백합'에게 드렸어요. 갯벌을 지키기 위해서였습니다. 백합이라 하니 혹시 꽃을 떠올릴 분도 있을지 모르겠지만 백합은 '조개 중의 조개'라 일컫는 서해안 갯벌에 사는 조개입니다. 속껍질이 순백하고 우아해서 꼭 백합꽃 같다, 해서 붙여진 이름이지요. 부상은 '갯벌을 위해서 소송을 건 어린이들'에게 드렸습니다. 이 어린이들이 갯벌을 지켜 달라며 소송을 걸었거든요. 저희는 풀꽃상을 드리면서 백합은 갯벌에서 우리와 함께 살아갈 권리가 있다고 말했습니다. 우리 인간이 살아갈 권리가 있듯이 조개도 자기들 삶의 터전에서 살아갈 권리가 있잖아요. 그때 저희가 드렸던 상패에 쓰인 글을 한번 읽어 보겠습니다.

갯벌은 갯지렁이가 꼬물대고, 망둥어가 설쳐대고, 농게가 어기적거리고, 수백만 마리 찔룩이와 저어새가 끼룩거리는 생명의 땅입니다.

또한 해일과 태풍이 오기 전에 모든 생명체에게 재해의 예감을 느끼게 할 뿐 아니라 자연의 파괴력을 완화시키기도 하는, 은혜로운 땅입니다. 그러나 갯벌 가치에 대한 무지와 오판으로 인해 사라지게 될지도 모를 갯벌과 갯벌 생명체에 대한 심각한 우려를 금할 수 없습니다.

이에 우리는 '조개 중의 조개'라 불리는 백합에게 제5회 풀꽃상을 드리는 것으로 갯벌과 갯벌 생명체에 대한 말로 다할 수 없는 애정과 함께 그들이 영원토록 갯벌에서 살아가기를 바랍니다.

-2000년 5월 5일

한없이 먼 거리를 작은 두 날개에 의지하여 날아가는 철새들도 새만금 갯벌에 잠시 내려앉아 피곤한 날개를 접고 쉬면서 배를 채운 뒤, 기력을 회복하여 다시 먼 길을 떠납니다. 여러 생명체들이 살아가고 사람들에게는 먹을거리와 동시에 자연재해를 막아 주는 귀한 새만금 갯벌을 살리기 위해 환경단체들은 오랫동안 싸워 왔습니다. 그러나 결국 정부는 바다에 둑을 쌓고 갯벌을 죽였습니다. 여의도의 140배에 이르는 넓은 갯벌이 사라졌지요. 처음에는 농사를 짓는다고 하더니 나중에는 그 위에 공장을 세운다면서 막무가내로 추진했습니다. 그 과정에서 갯벌에 사는 수많은 생명체들이 희생되었지요. 저희는 새만금 갯벌 옆 길가에 상패를 세웠습니다. 회원 중에 조각하는 분이 계셔서 그분에게 부탁해 장승을 깎아 상패 좌우에 세웠습니다. 정말 그때 저희는 마음과 몸을 다해 갯벌이 죽어가는 것을 막으려고 노력했어요. 그러나 결국 새만금 갯벌은 사라지고 말았습니다. 안타까운 일이지요. 그 생각만 하면 지금도 가슴이 아파요. 하지만 세상이 이렇게 반생명의 가치관을 가지게 된 데에는 우리 개인들의 책임도 있다, 하는 자성의 마음도 일었습니다. 그래서 저희는 새로운 참회 운동을 하나 더 만들었습니다. 여러분들도 다 아시는 '삼보일배' 운동이었지요. 수경 스님 문규현 신부님, 두 분이 새만금 갯벌을 살리기 위해 전라북도 부안에서 서울까지 삼보일배로 땅바닥을 기어서 오셨지요. 인간의 감성을 지닌 이들이라면 모두 눈시울을 붉혔었지요. 삼보일배를 창안하신 최성각 선생님께서는 이어서 '생명평화 선언문'도 만들어 세상에 내놓으셨습니다. 그렇지만 앞에서 말씀드린 대로 새만금 갯벌은 사라졌습니다.

지렁이

제6회 풀꽃상은 '지리산의 물봉선'에게 드렸고, 제7회 풀꽃상은 땅속의 농부라 불리는 '지렁이'에게 드렸습니다. 지렁이에게 상을 드린 이유는 농약으로 오염된 우리 땅을 살리자는 의도였습니다. 부상은 없었어요. 지렁이를 소중히 여기는 사람을 찾기 어려웠거든요. 물론 지금은 다르죠. 그런데 그때는 지렁이에게 상을 준다고 하니까 사람들이 막 웃었습니다. 저희들은 굴하지 않고 지렁이를 선정했습니다. 그때 세상에 드러낸 메시지는 '지렁이가 살 수 없으면 사람도 살 수 없다'였지요. 이건 그냥 비유가 아닙니다. 실제로 그렇지 않을까요? 지렁이가 살 수 없을 정도로 땅이 오염되면 어떻게 곡식을 키워서 먹고 살겠어요. 선정 이유를 소개해 드립니다.

2억 년 전에 이 혹성에 출현해 생태계 먹이사슬의 최하위의 지위를 굳건히 지키면서 땅 밑 어둠 속에서 흙을 부드럽고 기름지게 만들다가 여러 다양한 포식자들을 만족시키거나 식물의 자양분으로 살신성인하는 장엄한 최후에 대한 참을 수 없는 감동과 함께 인간의 불충분한 이해에 바탕한 근거 없는 혐오증과 모욕에 하염없이 시달리면서도 아랑곳하지 않다가 마침내 인간의 야만적인 생태계 파괴에 의해 서서히 우리 곁에서 사라져가는 데 대한 진심 어린 사과와 뒤늦은 애정의 마음으로.

-2001년 6월 16일

.

저희는 지렁이에게 상을 드리면서 홍보도 많이 했습니다. 우리 땅이 농약으로 오염됐다. 지렁이가 얼마나 위대한 일을 하는지 모른다. 지렁이를 사랑하자. 땅을 살리자. 땅을 사랑하자. 당시 회원들은 '지렁이 혐오증 추방 운동'도 같이 벌이면서 즐겁게 지렁이 잔치를 했었지요. 지금은 많은 분들이 농사에서 지렁이가 얼마나 중요한 역할을 하는지 알고 있습니다.

자전거

8회 풀꽃상은 '자전거'입니다.

지금은 전국이 자전거 판이지만 당시만 해도 자전거를 즐기는 사람이 많지 않았습니다. 2002년에는 그랬습니다. 왜 드렸을까요? 자전거는 자동차 문명에 대한 비판이거든요. 그래서 그때 저희들이 드린 메시지를 요약하면, "자전거는 이 세상에 피해를 끼치지 않습니다. 그렇지만 자동차는 막대한 피해를 끼칩니다"였습니다. 그때 저희가 자전거에 상을 드렸을 때 자동차 문명이 어떻게 변화되겠는가? 풀꽃상, 너무 앞서가는 게 아닌가 하고 생각하는 사람들도 있었습니다. 거의 대부분 사람들이 자동차의 혜택을 받으면서 살고 있지만, 자동차로 인한 피해를 깊이 생각하지는 않았습니다. 자전거에게 풀꽃상을 드린 선정 이유를 볼까요.

자전거는 자동차나 오토바이처럼 공간을 난폭하게 대하지 않고, 풍경의 일부가 되어 세상을 겸손하게 바라보게 만듭니다. 더러 방귀를 뀌는 개인적인 사정 외에는 대기를 오염시킬 일이 전혀 없고, 정기적인 대인대물 보험료를 납부해야 하는 쓸데없는 지출을 하지 않아도 되고, 건강을 지킬 수 있어 사랑하는 사람을 일찍 떠날 염려가 없는, 인류가 만든 공산품 중에 가장 아름다운 발명품입니다. 달리다가 문득 한 발은 페달에, 한 발은 대지에 굳건히 딛고 서서 지나가는 이웃에게 "밥 먹었니?" 하고 물을 수 있는 자전거는 사람과 사람을 정으로 연결시키기까지 합니다. 풀꽃세상

우리는 자연의 일부입니다

은 이 나라의 모든 사람들이 지금보다 더 자주 자전거를 타기 바라는 마음에서 제8회 풀꽃상을 '자전거'에게 드립니다.

-2002년 6월 18일

풀꽃상의 부상은 경상북도 상주에서 자전거 운동하시는 '조성채, 김수길, 조진상 님'과 자전거를 즐겨 타는 '광명보육원 청소년'들에게 드렸습니다. 여기까지가 제가 일할 때 선정된 8개의 풀꽃상 수상자들이에요.

저는 꼬박 만 4년간 풀꽃세상 일을 했습니다. 풀꽃세상을 만드는 초창기부터 엄청 고된 일들의 연속이었습니다. 풀꽃상을 뽑는 기본적인 일 이외에 독서를 통해 환경 의식을 높이려고 회원들과 책을 읽고 환경 영화를 보고 여러 환경 행사에 참여하고 수많은 인터뷰를 했습니다. 시간이 지날수록 회원들은 점차 늘어만 가고, 재정 자립도 무엇보다 중요한 일이어서 이것저것 안 한 일이 없습니다. 달력도 만들어서 팔고 공책도 팔고 인터넷 고물상을 만들기도 했어요. 풀꽃세상의 특징 중에 하나는 수많은 회원들이 자발적으로 도움을 주면서 직접 참여했다는 사실입니다. 보통 시민 단체들이 겪는 가장 큰 난관이 일할 사람이 없다는 것인데, 저희는 거의 매일같이 10여 명이 넘는 회원들이 수시로 일을 도와주러 저희들이 일하는 사무실이었던 '풀꽃방'에 와주셨습니다. 그러한 회원들의 열정에, 없던 사명감도 마구마구 생겼었지요. 그래서 정말 내 한 몸 안 돌보고 일만 하다 보니까 건강이 매우 나빠졌습니다. 저뿐만 아니라 저보다 더 일을 많이 하신 최성각 선생님도 심한 과로로 건강이 상했습니다. 그래서 만 4년 후, 결단을 내렸지요. 그동안 풀꽃세상을 잠시 다녀간 회원까지 모두 합하면 6000여 명이 넘을 정도로 기초를 다져 놓았으니 다른 분들에게 바통을 넘기자 하고요. 2003년 최성각·정상명 풀꽃세상 창립팀은 풀꽃세상 일을 그만두고 대신 시간 여유가 있는 '풀꽃평화연구소'를 개설합니다.

이후에 이어진 풀꽃상 선정에는 저희 연구소 사람들이 개입을 하지 않았기에 자세히 설명을 못 드리는 것을 양해해 주시기 바랍니다. 하지만 그 후 상을 드린 대상을 간략하게 말씀드리는 것으로 대신하지요.

9회 풀꽃상은 논에게 드립니다. 우리가 시골에 가면 만나는 논, 맞습니다. 2003년에 드렸어요. 그리고 10회가 간이역이었고요. 11회는 비무장 지대, 12회가 우리 씨앗 앉은뱅이 밀입니다. 13회는 정자나무, 14회는 칡소, 15회 맹꽁이, 16

우리는 자연의 일부입니다

회 남지 개비리길, 17회 밤, 이렇게 2014년까지 왔는데 지금은 중단된 상태입니다.

함께 꿈꾸는 풀꽃세상

비록 지난 몇 년간 풀꽃상이 멈춰지기는 했지만 여전히 많은 분들이 풀꽃상을 기억하고 있습니다. 얼마 전 건축가 한 분을 만났는데요, 이분도 풀꽃상을 기억하고 계시더라고요. 발상도 신선했고 풀꽃상이 선정될 때마다 가슴에 많이 남았다고. 그러면서 세계적인 상으로 발돋움할 수 있는 상이 풀꽃상이라고 덧붙이더군요. 무슨 이야기냐 하면, 환경과 생태라는 게 전 지구적인 개념이잖아요. 꼭 어느 한 나라, 한 지역의 문제가 아니라는 것이지요. 그러니까 풀꽃상은 세계인의 마음을 하나로 묶을 잠재력을 지니고 있다는 이야기입니다. 예를 들면 시드니에서 시작한 세계 최대의 환경 캠페인 '지구촌 전등 끄기' 행사가 있지요. 같은 날에 전 세계인들이 60분간 전등을 끄면서 이 환경 운동 행사에 참여하지요. 이런 운동은 누구나 쉽게 동참할 수 있어서 좋습니다.

풀꽃상도 그럴 수 있다는 생각입니다. 한번 꿈을 꾸어 봐요. 전 세계적으로 풀꽃상 후보 추천을 받는 거지요. 아마 별별 후보들이 다 올라올 겁니다. 최근 가장 심각한 문제는 빙하가 녹는 속도지요. 극지방 빙하가 급속하게 녹고 있잖아요. 과학자들이 예측했던 것보다 훨씬 빠르게 진행되고 있습니다. 그렇게 녹아가는 빙하를 안타까워하는 아프리카에 사는 어떤 어린이가 빙하에게 풀꽃상을 드리자고 추천할 수도 있겠지요. 빙하 후보는 무서운 속도로 가속화되고 있는 지구 온난화에 대해 세계인들로 하여금 심각하게 생각하게 만들겠지요. 풀꽃상 특징은 후보를 추천하는 초기 단계에서부터 어쩔 수 없이 환경 문제를 생각하게 합니다. 또 우리는 각 나라에서 풀꽃상 선정 위원을 한 사람씩 뽑아 그 해의 '지구 풀꽃상'을 선정하고 '풀꽃상의 날'을 만들어 전 세계적으로 풀꽃상을 발표하는 겁니다. 이렇게 하면 전 세계의 아주 많은 사람들이 환경 운동에 참여할 수 있을 것입니다. 어린이든 노인이든 젊은이든 다 함께 기꺼이 참여할 수 있겠지요.

풀꽃상은 저마다의 마음에 있는 녹색 감수성을 일깨워서 다 같이 꿈꾸게 하고, 우리도 한번 실천해 볼까? 하는 마음이 들게 하는, 사람의 마음을 움직이고 뜨겁게 하고, 활짝 열게 하는 그런 환경상입니다. 사람은 이념이나 사상으로 움직이기도 하지만 사람을 움직이는 가장 강력한 힘은 감동이라고 생각합니다. 사람은 감동을 받을 때 움직입니다. 풀꽃상은 감동을 주는 상입니다. 하지만 어떤 의미로 우리가 꿈꾸는 풀꽃세상은 실현되지 않을지도 모릅니다. 풀꽃세상이 실현되지 않고, 그런 유토피아는 없다고 해도, 풀꽃상이라는 이상을 통해 그런 꿈의 실현을 위해 같이 마음을 모으고 같이 공부하고, 같이 고민하고, 같이 어깨동무하는 일은 매우 소중한 일이라고 생각합니다. 그렇게 생각하지 않으시나요?

긴 시간, 공감의 얼굴로 경청해 주신 여러분, 고맙습니다.